# Küche, Kunst, Kultur
# am Jakobsweg

Aus dem Spanischen übersetzt von Miriam Magall
Redaktion: Silvia Rehder
Korrektur: Petra Tröger
Umschlaggestaltung: Horst Bätz
Satz: Studio Fink, Gräfelfing


www.christian-verlag.de

Die Originalausgabe mit dem Titel *Gastronomía en el camino de Santiago* wurde erstmals 2003 im Verlag Lunwerg Editores veröffentlicht.



Printed in Spain



ISBN 3-88472-667-6

HINWEIS

Alle Informationen und Hinweise, die in diesem Buch enthalten sind, wurden von der Autorin nach bestem Wissen erarbeitet und von ihr und dem Verlag mit größtmöglicher Sorgfalt überprüft. Unter Berücksichtigung des Produkthaftungsrechts müssen wir allerdings darauf hinweisen, dass inhaltliche Fehler oder Auslassungen nicht völlig auszuschließen sind. Für etwaige fehlerhafte Angaben können Autorin, Verlag und Verlagsmitarbeiter keinerlei Verpflichtung und Haftung übernehmen.

Korrekturhinweise sind jederzeit willkommen und werden gerne berücksichtigt.

# Küche, Kunst, Kultur am Jakobsweg

Text María Zarzalejos

Fotos Xurxo Lobato
Sacha Hormaechea
Matías Briansó

CHRISTIAN VERLAG

# INHALT

MAR
A CORUÑA
Emb. de la Ribeira
Emb. do Eume
OVIEDO
Emb. de Doiras
Navia
Narcea
LUGO
ASTURIAS
Nalón
Sella
A CORUÑA
Emb. de Salime
LUGO
SANTIAGO DE COMPOSTELA
Melide
Palas de Rei
Ulla
Emb. de Portodemouros
Portomarín
Miño
Maciço Galaico
CORDILLERA
Emb. del Porma
Emb. de Riaño
Sarria
Tricastela
Emb. de Belesar
O Cebreiros
Sierra de los Ancares
LEÓN
Emb. de los Barrios de Luna
Montes de León
Emb. de Bárcena
Emb. de Villameca
Villafranca del Bierzo
El Bierzo
PONTEVEDRA
Emb. dos Peares
Porma
Esla
LEÓN
San Miguel de Escalada
Molinaseca
Ponferrada
PONTEVEDRA
Sil
Órbigo
Foncebadón
Rabanal del Camino
Astorga
Mansilla de las Mulas
Hospital de Órbigo
OURENSE
Emb. de Edrada
VIGO
Sahagún
Emb. de Prada
OURENSE
Cea
Emb. das Conchas
Limia
Emb. de Cernadilla
Tera
Emb. de Recobayo
Tâmega
PORTUGAL
ZAMORA
ZAMORA
Duero
Emb. de Almendra
Douro
Duero
SALAMANCA
SALAMANCA
El Camino de Santiago (según el Códice Calixtino)
Otras carreteras
ESCALA 1:1.500.000
0 10 20 30 40 50 60 70 80 90 100 km

C A N T Á B R I C O
Golfo
de Vizcaya
F R A N C I A
SANTANDER
DONOSTIA-
SAN SEBASTIÁN
BILBAO
V I Z C A Y A
G U I P Ú Z C O A
C A N T A B R I A
C A N T Á B R I C A
Deva
Nansa
Pas
Miera
Emb. de
Camporredondo
Emb. del Ebro
Emb. de
Aguilar de
Campoo
Nela
Ebro
Emb. de
Urrunaga
Emb. de
Uribarri-Ganboa
M o n t e s   V a s c o s
VITORIA-GASTEIZ
Á L A V A
Puerto de Ibañeta
1.057 m
Orreaga/
Roncesvalles
Emb. de
Eugui
P I R I N E O S
Puerto de Somport
1.640 m
Canfranc
N A V A R R A
PAMPLONA/
IRUÑA
Estella/
Lizarra
Puente la Reina/
Gares
Leyre
H U E S C A
Jaca
Sangüesa/
Zangoza
Emb.
de Yesa
San Juan
de la Peña
Emb. de
la Peña
Los Arcos
Torres del Río
Viana
LOGROÑO
Sto. Domingo
de la Calzada
Nájera
San Millán
de la Cogolla
L a   L o r a
P A L E N C I A
C a m p o s
Carrión
Carrión de
los Condes
Frómista
Castrojeriz
B U R G O S
BURGOS
Villafranca
Montes de Oca
Emb. de
Arlanzón
Sierra de la Demanda
Emb. de
Mansilla
Iregua
L A   R I O J A
Ega
Arga
Aragón
D e p r e s i ó n   d e l   E b r o
Gállego
Pisuerga
Arlanzón
Arlanza
PALENCIA
Picos de Urbión
Emb. de la
Cuerda del Pozo
S I S T E M A   I B É R I C O
SORIA
S O R I A
Z A R A G O Z A
ZARAGOZA
Jalón
Huerva
Duero
VALLADOLID
V A L L A D O L I D
S E G O V I A
SEGOVIA
S I S T E M A   C E N T R A L
G U A D A L A J A R A
M A D R I D
Jiloca
T E R U E L

**Eine Seite aus dem *Codex Calixtinus*,**
*auch bekannt als „Liber Sancti Jacobi" (Buch des heiligen Jakobus). Er kann als der erste Reiseführer gelten, der über Landschaften und Bräuche entlang dem Pilgerweg unterrichtet.*

# EINFÜHRUNG

Der Jakobsweg, auch als „französische Route" bekannt, kann durchaus als Zauberweg bezeichnet werden. Allerdings geht dieser Zauber nicht unbedingt auf den ihm zugeschriebenen esoterischen oder astrologischen Ursprung zurück.

Vielmehr verdankt dieser Weg seinen Zauber sowohl der Tatsache, dass es ihn schon tausend Jahre gibt, als auch den Landschaften, durch die er führt; der Architektur der Dörfer und Städte unterwegs; den zahlreichen Sagen, die sich im Laufe der Jahre um ihn rankten; den Wundern, die den Pilgern widerfuhren; den diversen Schlachten, in denen der Apostel auf seinem weißen Ross erschien, und der Hingabe, mit der Heilige sich um den Bau des Pilgerwegs bemühten. Dagegen entsprangen Schutz und Unterstützung, die die Könige dem Pilgerweg angedeihen ließen, nicht immer ausschließlich religiösen Beweggründen, sondern auch dem Wunsch, Dörfer und Städte neu zu besiedeln. Für die Franken, die sich in den Ortschaften entlang des Pilgerwegs niederließen, erwuchsen daraus bedeutende Pfründen.

Neben diesen durchaus wichtigen Begleiterscheinungen gibt es aber noch etwas anderes, nicht weniger Bedeutsames, ja, eigentlich Unumgängliches, etwas, das jeder braucht, der sich auf diesen Pilgerweg einlässt: Essen, Trinken und Schlafen. Um für diese Bedürfnisse zu sorgen, entstanden die Hospize. Als der Jakobsweg gegen das 10. Jahrhundert Gestalt anzunehmen begann, litten die Pilger unter allen nur erdenklichen Mängeln und allerlei Mühsal. Angesichts dieser Lage entstanden eine Reihe von Unterkünften. Es war ihre Aufgabe, die Pilger und, in einigen Fällen auch und insbesondere, die Armen aufzunehmen. Jeder, der an ihre Pforten klopfte, bekam ein Bett (worunter von einem Brett mit Strohsack bis zu einem feinen, weichen Lager alles zu verstehen war), etwas zu essen und zu trinken sowie erste Hilfe. Umfang und Güte dieser Dienstleistungen wichen in den einzelnen Hospizen beträchtlich voneinander ab, wie von einzelnen Pilgern in überlieferten Berichten beschrieben wurde, etwa von Manier, Künig und Laffi (siehe Seite 12). Genau wie heute funktionierte auch in der Vergangenheit die Mundpropaganda ausgezeichnet. So wussten viele Pilger schon im Voraus, welche Hospize die besseren waren und welche man, wenn möglich, umgehen sollte. Das Wissen, wo man die offenen Füße auskurieren, seinen Hunger stillen oder seine müden Knochen ruhen lassen konnte, war von grundsätzlicher Bedeutung.

Ein unentbehrlicher Reiseführer, der mit dem Pilgerweg in den ersten Jahrhunderten seiner Existenz bekannt macht, ist der *Codex Calixtinus.* Auf seine Bedeutung wird auf Seite 12 näher eingegangen.

Die ersten Texte über Schenkungen oder Gründungen von Hospizen aus dem 10. Jahrhundert wurden von Königen und Bischöfen verfasst und waren nicht besonders erschöpfend in Bezug auf Hilfs- und Dienstleistungen für Pilger. Vom 13. Jahrhundert an werden die Dokumente über Schenkungen, auch schon von Privatpersonen, weitaus konkreter. Sie führen die Rationen von Brot, Wein, Fleisch, getrocknetem Kabeljau, Gemüse, Eintöpfen, Butter (die sicher als ein Geschenk des Himmels galt) und Käse auf und berichten über die Aufenthaltsdauer der Pilger im jeweiligen Hospiz. Sehr klar wurde zwischen dem gesunden und dem kranken Pilger unterschieden. Ebenso war festgelegt, was zu unternehmen sei, wenn er starb, und auch, wer seine Güter, falls er solche besaß, erben würde. In beinahe allen Hospizen gab es einen Friedhof für Pilger. Bereits im 17. und 18. Jahrhundert, als der Jakobsweg den Gipfel seines Ruhmes erreicht hatte und bei Klerikern, Mönchen und den begüterten Klassen in Mode gekommen war, mussten die religiösen Orden, die den Hospizen vorstanden, Regeln aufstellen. Diese sollten verhindern, dass Pilger wegen ihrer Zugehörigkeit zu einer bestimmten Gesellschaftsschicht oder wegen ihres Geschlechts unterschiedlich behandelt wurden. In Wirklichkeit machte man dann aber doch Unterschiede und diese Praxis wurde allgemein akzeptiert.

Angesichts dieses Aufschwungs der Pilgerbewegung und des großen Zulaufs von Pilgern, entstanden Gasthäuser und Herbergen, die natürlich nicht umsonst zu haben waren. In einigen dieser Quartiere allerdings fielen die armen Pilger regelrecht den Plünderungen und Gaunereien ihrer Wirte zum Opfer.

Im 19. Jahrhundert waren die Hospize bereits dem Verfall preisgegeben. Als Folge der Säkularisierung durch Mendizábal in der Mitte des Jahrhunderts wurden die religiösen Orden ihrer Güter beraubt. Damit brach ihr schon zu jenem Zeitpunkt stark reduziertes Werk, die Betreuung von Pilgern, praktisch völlig zusammen. Mit der Zeit wurden einige der Hospize zu Hotels oder Restaurants umgebaut oder renoviert, um auch weiterhin Bestandteil des architektonischen Erbes der Klöster und Konvente zu bleiben, zu denen sie gehörten.

## Der *Codex Calixtinus* – der erste Fremdenführer für den Jakobsweg

Alle Führer für den Jakobsweg basieren traditionell auf dem *Codex Calixtinus,* der auch als „Führer für den mittelalterlichen Pilger" bekannt ist.

Dieses Werk datiert mit größter Wahrscheinlichkeit aus dem 12. Jahrhundert, denn 1173 fertigte Arnaldo del Monte, ein Mönch in Montserrat, in der Kathedrale von Santiago de Compostela davon eine Kopie an. Der Codex trägt den Beinamen Calixtinus, weil Papst Calixtus II. als Verfasser mehrerer Teile angeführt ist. Natürlich hat es nicht nur einen, sondern mehrere, namentlich nicht angeführte Urheber gegeben. Überdies wurde das Werk im Verlauf der ersten Hälfte des 12. Jahrhunderts wiederholt überarbeitet und erweitert. Der Codex ist auch unter den Bezeichnungen *Liber Sancti Jacobi* oder *Libro de Santiago* bekannt.

Der *Codex Calixtinus* besteht aus fünf Büchern:

I. Predigten und liturgische Texte über den heiligen Jakobus.
II. Eine Sammlung von zweiundzwanzig Wundern.
III. Die Geschichte von der Überführung des Leichnams des heiligen Jakobus nach Spanien.
IV. Die Geschichte von Karl dem Großen und Roldán, die Turpin, dem Bischof von Reims (749–794), zugeschrieben wird. Experten zufolge entbehrt diese Zuschreibung jeder Grundlage.

**Pilger**
*Die Protagonisten des Pilgerwegs. Wer beim Gehen Fragen nach dem Pilgerweg stellt, erhält stets die gleiche Antwort, die schon der Dichter Antonio Machado so formuliert hat: „Wanderer, es gibt keinen Weg; der Weg entsteht beim Gehen."*

V. Das *Liber peregrinacionis,* das den Verlauf des Pilgerwegs mit Gebäuden, Hospizen und Flüssen ausführlich beschreibt und die dort lebenden Menschen charakterisiert.

Aymeric Picaud aus Parthenay-le-Vieux und sein Weggefährte Gegerba aus Flandern schenkten Santiago diesen Codex, um durch diese Tat die Erlösung ihrer Seelen zu erlangen. Man hält Aymeric Picaud für den Redakteur des gesamten Werkes und für den Verfasser des fünften Buches, das zugleich der erste Fremdenführer für den Jakobsweg ist.

## Vorbildliche Pilger aus dem Ausland – Laffi, Manier und Künig

Es hat unzählige Pilger gegeben, aber nur wenige machten sich die Mühe oder hatten ein Interesse daran, ihre Pilgerfahrt zu beschreiben. Nur ihnen ist es zu verdanken, dass sich Situationen und Tatsachen rekonstruieren lassen, die sich im Laufe der Jahrhunderte auf diesem Pilgerweg ereignet haben. Drei der angesehensten Verfasser, die auch als eine wichtige Bezugsquelle gelten, sind Künig (15. Jahrhundert), Laffi (17. Jahrhundert) und Manier (18. Jahrhundert).

Hermann Künig von Vach war ein Mönch des Servitenordens und gehörte einem Kloster in der Nähe von Straßburg an. Er verfasste einen gereimten Führer, der 1495 unter dem Titel „Die Walfahrt und Strass zu Sant Jacob" erschienen ist.

Domenico Laffi, ein Kleriker aus Bologna, pilgerte insgesamt dreimal nach Santiago: 1666, 1670 und 1673. Der Bericht in seinem Buch „Viaggio in Ponente a S. Giacomo di Galitia e Finisterrae per Francia e Spagna", 1673 in Bolognia veröffentlicht, beschreibt seine zweite Reise.

Der junge Guillaume Manier aus der Picardie unternahm 1726 in Begleitung von drei weiteren Personen seine Pilgerfahrt. Seine Reise entsprang allerdings keinem frommen Wunsch, vielmehr flüchtete er vor seinem ehemaligen Kapitän, der Schulden von ihm zurückforderte. Seine Reise verlief sehr kompliziert, denn von Santiago ging es erst nach San Salvador de Oviedo, von dort nach Madrid und erst dann über Roncesvalles zurück nach Frankreich.

## Der Aufbau dieses Buches

Meiner Ansicht nach ist ein Genießer der Gastronomie gewöhnlich mehr als nur das. Bevor er sich in einem Wirtshaus oder einem Restaurant an den Tisch setzt, wandert er, geht hin und her, besichtigt Baudenkmäler, bewundert die Landschaft... eine Mühe, für die er später mit einem Stuhl und einem guten Gericht entschädigt wird. Beim Ausruhen und Genießen der ausgewählten Speisen kann er dann das Gesehene, Gehörte oder Erwanderte kommentieren. Man kann eben nicht einfach so wie ein Koffer reisen und auch nicht nur ein dankbarer Magen sein. Der Freund der Gastronomie wird seinen Horizont erweitern und in dieser Gegend wird er sich in einen reisenden Feinschmecker verwandeln. Der Jakobsweg hat es verdient.

Zur Einstimmung wurde der Beschreibung jeder autonomen Gemeinde, durch die der von Frankreich kommende Pilgerweg führt, ein Textauszug aus dem *Codex Calixtinus* über diese Gemeinde vorangestellt. Nach einer Aufzählung der heutigen Ortschaften und einer Beschreibung der zurückzulegenden Strecke werden die Orte, durch die der Weg führt, kurz vorgestellt. Dabei liegt der Nachdruck auf den Hospizen und der Hilfe, die die Pilger früher dort einmal bekamen. Daneben wird auf ganz besondere Baudenkmäler hingewiesen ebenso wie auf einige der zahlreichen Sagen, die mit der Geschichte des Pilgerwegs zusammenhängen.

Dahinter steht die Idee, den Pilger mit der Küche, dem Wein und den typischen Erzeugnissen bekannt zu machen, denen er unterwegs begegnet. Auch wenn dies eine historische Sicht ist, ist sie in vielen Fällen immer noch gültig. Beschrieben werden alle Gerichte, die sich im Laufe der Jahre entwickelt haben; die Früchte der Erde, die in den Gärten wuchsen und immer noch wachsen und die jahrhundertelang dem Lebensunterhalt ihrer Besitzer dienten, genauso wie die Früchte der menschlichen Arbeit, die auf Volkswissen beruhen und von einer Generation an die nächste weitergereicht wurden. Die vorgestellten Rezepte sind ausgesprochen traditionell und sie wurzeln tief in den Böden und in den Herzen der Menschen entlang dem Pilgerweg.

Auf diese Weise wird eine Verbindung zwischen heutigen Erzeugnissen und Tradition hergestellt. Denn was wir heute entlang des Pilgerwegs antreffen, wurde durch die geographische Lage, die Geschichte und Kultur ebenso wie durch die Menschen und natürlich auch durch die Gastronomie geprägt.

Der Wein als stärkendes Getränk stellte einen festen Bestandteil der Nahrung für die Pilger dar. Die Zisterzienser- und Kluniazenser-Klöster betätigten sich als großartige Förderer des Weinanbaus. Einigen von ihnen ist es zu verdanken, dass der Pilgerweg mit einer Weinstraße zusammenfällt, die diesen Namen verdient und an der eine Reihe wahrhaft exzellenter Weindomänen und -keller liegen. Vom Wein werden hier nur einige Probeschlückchen serviert, denn der Weinanbau und alles, was damit zusammenhängt, hat im Laufe der Jahrhunderte eine so bemerkenswerte Entwicklung und einen so gravierenden Wandel erlebt, dass man ihm nur auf den Seiten eines ganzen Buches gerecht werden könnte.

Dieses Werk will nicht mehr sein als ein kleiner Begleiter auf dem Pilgerweg. Schließlich ist der Führer, den man nach eigenen Erlebnissen zusammenstellt, immer der beste. Die Protagonisten auf dem Jakobsweg, also die Pilger, können bei der Lektüre die Erlebnisse auf der Wallfahrt, die Empfindungen, die sie mit den Menschen, den Landschaften, dem Essen und Trinken verbinden, die tröstende Müdigkeit und die wohltuende Erholung auf dem Pilgerweg in der Erinnerung aufleben lassen oder selbst schriftlich festhalten.

**Der Somport-Pass**
*Auf seinem Gipfel stand das Hospiz Santa Cristina, das sich bei den Wanderern großer Wertschätzung und eines hohen Ansehens erfreute.*

# Aragón

*Dieses sind die Orte von Somport bis Puente la Reina, denen man auf dem Jakobsweg begegnet: Der erste ist Borce zu Füßen des Berges, am Hang von Gascuña; dann folgt, nachdem man den Berggipfel überquert hat, das Hospiz Santa Cristina; danach Canfranc; als Nächstes Jaca; daraufhin Osturit; dann Tiermas mit seinen echten heißen Bädern, die ständig fließen; danach Monreal und schließlich stößt man auf Puente la Reina. [...] Von Somport fließt ein Fluss mit heilsamem Wasser, der spanisches Gebiet mit dem Namen Aragón mit Wasser versorgt.*

(Codex Calixtinus)

HEUTE VERLÄUFT DER JAKOBSWEG DURCH:

Puerto de Somport
(Somport-Pass)
Canfranc
Villanúa
Castiello de Jaca
Jaca
Puente la Reina de Jaca
Berdún
Yesa

Seit dem 11. Jahrhundert kamen die Reisenden von der nördlichen Seite der Pyrenäen meistens auf der Route von Somport nach Spanien, weil Jaca schon damals den Rang einer Stadt besaß. Im 12. Jahrhundert nächtigten die Pilger am Fuß des Somport-Passes auf der französischen Seite in Borce. Am Tag darauf brachen sie auf, um den Bergpass zu überwinden, auf dessen Gipfel hinter dem Monolithen, der die französisch-spanische Grenze markiert, die Reste des einst bekanntesten Pilgerhospizes, Santa Cristina, liegen.

Der Weg führt weiter durch Canfranc-Estación, Canfranc-Pueblo, Villanúa (einen Kilometer davon entfernt liegt der verlassene Weiler Arruej mit einer schönen Kirche aus dem 12. Jahrhundert), Castiello de Jaca und Jaca. Bevor man dieses wichtige Städtchen erreicht, führt ein Abstecher zur Einsiedelei des heiligen Christophorus. In Jaca steht eine Vorläuferin der Kathedrale von Santiago, die zugleich eines der ersten Beispiele für die spanische Romanik ist.

Elf Kilometer hinter Jaca empfiehlt sich ein Abstecher vom Pilgerweg ins Dorf Santa Cruz de La Seros und das Kloster San Juan de la Peña. In Santa Cruz de la Seros sollte man unbedingt die beiden dortigen Kirchen besichtigen: Die erste gehört zum Benediktinerkloster Santa María, das im 11. Jahrhundert von Ramiro II. als Ruhestätte für seine Töchter gegründet wurde. Am bemerkenswertesten hier ist der achteckige Turm. Die zweite ist die Kirche San Caprasio aus dem 11. Jahrhundert. Sie ist dem französischen Heiligen gewidmet, der als Opfer der Verfolgung unter Cäsar Maximian in Agen starb.

Das Kloster San Juan de la Peña ist überdies die Wiege der aragonischen religiösen Tradition. Es liegt auf einem Fels auf dem Berg Pano. Während der Herrschaft von Sancho Ramírez (11. Jahrhundert) befand sich hier das religiöse Zentrum von Aragón; von hier nahm die Kluniazenser-Reform ihren Ausgang und verbreitete sich in die ganze Welt.

Zurück auf dem Pilgerweg geht es weiter durch Santa Cilia de Jaca, Puente la Reina de Jaca (diesen Ort nennt Picaud Osturit), Berdún, in dem es im 12. Jahrhundert einen bedeutenden Markt gab, und Tiermas. Danach betritt der Pilger kurz das Gebiet von Saragossa, lässt auf der einen Seite der Straße den Staudamm von Yesa liegen und gelangt gleich darauf nach Navarra.

## Die Küche

Die aragonische Küche gehört mit zu den am wenigsten bekannten Küchen und daher wohl auch zu den am wenigsten gelobten. Wegen der unzähligen Einflüsse aus Katalonien, Navarra, La Rioja und sogar Valencia scheint es zunächst, als besitze sie keinerlei eigene Identität. Dem ist aber nicht so. Vielmehr hebt sich diese Küche hervor durch die schonende Zubereitung der Speisen, die Einfachheit und Qualität ihrer Zutaten und einen bodenständigen Geschmack, der ganz zu dem Wesen seiner Bewohner passt und auch, wie könnte es anders sein, zum kulturellen und geographischen Milieu.

Beginnen wir mit den Suppen, von denen insbesondere drei auf eine lange Tradition zurück-

**Die Kathedrale von Jaca**
*Die Außenfassade der Kathedrale, der Vorläuferin aller Kathedralen in Spanien und eines der ersten Werke der spanischen Romanik*

**Jaca bei Nacht**
*Die Lichter der Pyrenäenstadt Jaca*

**Santa Cruz de la Seros**
*Ein Benediktinerkloster aus dem 11. Jahrhundert, das Ramiro II. erbauen ließ.*

**Das Kloster San Juan de la Peña**
*Der Kreuzgang des Klosters besitzt ein natürliches Dach, von den Felsen des Berges Pano gebildet.*

**Das Kloster San Juan de la Peña**
*Im 11. Jahrhundert das religiöse Zentrum von Aragón; von hier nahm die Kluniazenser-Reform ihren Ausgang.*

**Der Stausee von Yesa**

*Wenn der Pilger den Stausee von Yesa hinter sich lässt, verlässt er auch aragonischen Boden.*
*Von hier machen viele Pilger einen Abstecher zum Kloster Leyre.*

**Pfirsiche in Wein**
*Das ist ein besonderer Nachtisch für besondere Anlässe. Er vereint das liebliche Aroma der berühmten aragonischen Pfirsiche mit dem herben des einheimischen Weins. Um in seinen Genuss zu kommen, muss man nur ein paar ganz beliebige aragonische Pfirsiche schälen; sie sollten allerdings weder Flecken aufweisen noch zu reif sein. Die Früchte in einen Holz- oder Tonbehälter legen. Mit einheimischem Rotwein auffüllen. Auf einen Liter Wein 100 Gramm Zucker, zwei oder drei Zimtstangen und die Schale einer unbehandelten Zitrone dazugeben. Nach Belieben auch ein Gläschen Branntwein. Das Ganze vier oder fünf Tage ziehen lassen, die Pfirsiche zweimal täglich umrühren. In Schalen zusammen mit dem Wein, in dem sie angesetzt waren, servieren.*

blicken können: die *sopa roya* oder „Chorizo-Suppe“, die *sopa de presa* oder „Wöchnerinnensuppe“ – beide beliebt an Feiertagen – und die *sopa cana* oder „Zimtsuppe“, die auf ein und dieselbe Herkunft zurückgeht wie die gleichnamige in Navarra. Der bekannte Kochbuchautor des 17. Jahrhunderts, Martínez Montiño, erwähnt sie in seinem Buch *La Sopa del Aragón* (Die Suppe von Aragón) und beschreibt ihre Zubereitung im Backofen mit Kalbsleber, geriebenem Käse, Fleischbrühe und dünnen getoasteten Brotscheiben.

Wir bleiben beim Löffel. Früher wurden Bohnen mit Zwiebeln, Lorbeer und Knoblauch gekocht, mit Öl und Essig angemacht und als Beilage zu Gerichten mit Schweinsohren, Blutwurst und *chorizo* (rote Paprikawurst) serviert. Kichererbsen bereitete man gewöhnlich mit Reis, *chorizo* und Speck zu. Der *recao de Binéfar* (Alltagseintopf) ist der aragonische Gemüseeintopf schlechthin. Da Bohnen sowohl in Aragón als auch in Kastilien angebaut werden, kennt die spanische Küche für die traditionelle *adafina,* ein Eintopfgericht, verschiedene Versionen, einschließlich einer aragonischen Variante. Bei den *boliches de Embún,* typisch für diesen Ort, handelt es sich um exquisite Bohnen, die äußerst beliebt sind.

Der Einfluss von Valencia auf die aragonische Küche ist vertreten, wie könnte es anders sein, durch ein Reisgericht mit Hühnerklein, hart gekochtem Ei, roten Paprikaschoten und Schnecken. Ursprünglich wurde diese Paella mit Bergschnecken zubereitet, die man auch in einem originellen Gericht mit Kaninchen kombiniert findet.

Die aragonischen Gemüse gediehen vor allem in den Uferzonen des Ebro, wobei der Borretsch für Aragón besonders typisch ist. Seine kleinen Blätter isst man roh als Salat mit schwarzen Oliven, hart gekochtem Ei, gehacktem grünem Paprika, angemacht mit Öl, Essig und Salz. Zum Karneval werden die kleinen Borretschblätter als *crespillos* in Teig ausgebacken und mit Zucker bestreut. Die Stängel werden gekocht und sind zart und aromatisch.

Die mit Süßwasserfischen wie Forellen oder mit Flusskrebsen zubereiteten Gerichte standen hoch im Kurs und es gab viele Rezepte dafür. Besonders beliebt war ein Gericht mit Aal. Wurde es mit grünen Bohnen gekocht, erhielt es den pompösen Namen „Aal nach General Palafox“. Die Meeresfische, vor Kantabrien gefangen, wie Zahnbrasse oder Sardinen, wurden hoch gepriesen und mit größtem Genuss verspeist, genau wie die Klippfische und Stockfische.

**Die „migas“ der Hirten**
*Dieses Gericht wurde und wird nicht ausschließlich im aragonischen Bergland gegessen, vielmehr aß und isst man die „migas“ in vielen Weidegebieten entlang dem Jakobsweg. Brot, Speck und Öl sind die Zutaten.*

Kehrt man dem Wasser den Rücken und wendet sich weiter landeinwärts, begegnet man dem großartigen und zu allen Zeiten geschätzten Schwein. Der Akt des Schlachtens wurde wie ein Familienfest gefeiert. Das war durchaus angemessen, schließlich stand Schweinefleisch in den ländlichen Gebieten als fester Bestandteil auf dem täglichen Speisezettel. Die mittägliche Mahlzeit, die sich in das 18., 19. und 20. Jahrhundert zurückverfolgen lässt, sah als Grundlage Bohnen, gekochte Kartoffeln und eingesalzene Sardinen vor oder sie bestand aus dem wohl bekanntesten Eintopf mit Kichererbsen, einem Stück Fleisch und Brühe. Da sich dieses Mahl so oft wiederholte und somit allseits bekannt war, nannte man es im Scherz nach den Spielkarten „Bauer, Reiter und König". Auch in La Mancha ist ein ähnliches Gericht unter diesem Namen bekannt. Köstlich und sehr beliebt sind die *magras* (magere Schinkenscheiben) mit Tomate. Auch die *calderetes* stehen für verschiedene beliebte Gerichte. Sie bestehen aus Kaninchen- und Hühnerfleischstücken, die in einem Eisentopf (daher kommt wohl ihr Name) zubereitet werden. Die Fleischstücke werden zusammen mit Schinken- und Wurststücken sowie mit getrockneten Paprika in Öl geschmort. Dann kommen Kartoffeln, Schnecken und etwas Wasser dazu. Das Ganze wird so lange gekocht, bis alles gar ist. Dieses Rezept für *calderete* kann variiert werden, wobei man anderes Fleisch, zum Beispiel vom Lamm, und auch andere Gemüse verwendet.

Das Huhn in *chilindrón* (eine Salsa aus Tomaten, Zwiebeln, roten Paprikaschoten und Schinkenstücken) zählt zu den traditionellen aragonischen Gerichten und hat die Küche im ganzen Land beeinflusst. Häufig wird auch Lamm auf diese Weise zubereitet.

Teodoro Bardají, ein 1882 in Binéfar (Huesca) geborener aragonischer Koch, führt in seiner Rezeptesammlung auch „in der Pfanne gebratenes Lamm in *chilindrón*" auf. Dazu merkt er an:

> *Über diesen Namen habe ich nichts in Erfahrung zu bringen vermocht, weder, was seine Ethymologie betrifft, noch, worauf er sich beziehen könnte; ich habe lediglich festgestellt, dass es sich um einen in Navarra und Aragón sehr beliebten Namen handelt und dass das Gericht, vor allem, wenn mit Milchlamm und zartem Huhn zubereitet, von den echten Feinschmeckern dieser beiden spanischen Regionen hoch geschätzt wird.*

**Guirlache**
*Die aragonischen Bäcker- und Konditorwaren sind vielfältig und genießen hohes Ansehen. Der in ganz Spanien beliebte „turrón" aus Mandelkrokant heißt in Aragón „guirlache".*

Bardají spricht von Aragón und Navarra wie aus der Ferne, denn er selbst hatte sich in Madrid niedergelassen und arbeitete vierzig Jahre lang bei den Herzögen des Infanten als Koch.

Es folgt sein Kommentar zur *chilindrón*-Salsa von Luis Bandrés, einem guten Koch aus Aragón:

> *Im gesamten Königreich Aragón und insbesondere in seiner Hauptstadt ist das „Huhn in chilindrón" dermaßen beliebt, dass es kaum ein Familienfest oder ein Gastmahl auf dem Land gibt, auf dem man ihm nicht einen besonderen Platz einräumen würde. Gelegentlich ist es das erste und einzige Gericht. Nach der alltäglichen Mühsal nutzt der Aragone jeden Anlass zu Frohsinn und zum Feiern, um sich auf seine Lieblingsspeise zu stürzen und sich damit voll zu stopfen, das Ganze begossen mit Landwein, den er entweder aus dem bürgerlichen Porrón oder aus der bäuerlichen ledernen Weinflasche in sich hineinschüttet.*

Diese Sitte, aus einem Porrón (Flasche mit seitlichem Trinkrohr, siehe Bild Seite 31) zu trinken, erzürnte Alexandre Dumas auf seiner Reise durch Spanien dermaßen, dass er dazu schrieb:

*Ich weiß nicht, ob es heutzutage in diesem Spanien, das sich des Fortschrittes rühmt, anständige Gläser gibt; auf jeden Fall gab es keine, als ich dort war. Trotzdem mussten wir trinken, vor allem während der Mahlzeiten. Dann stellte man einen Kristallporrón mit einem Fassungsvermögen von einem oder einem halben Liter auf den Tisch. Er enthält den Wein, der die Tischgenossen erfrischen soll, und jeder Einzelne muss direkt aus dem Krug trinken, ohne seinen Rand mit den Lippen zu berühren. Das ist für einen Ausländer, der bis dahin nie auf diese Weise getrunken hat, sehr unpraktisch. Hat man das Pech, den Rand des Porrón mit den Lippen zu berühren, schauen die übrigen Tischgenossen einen nicht besonders freundlich an.*

**Oliven**
*Der Olivenanbau in Aragón geht auf die Römerzeit zurück und die Ölzubereitung ist ein Beitrag der Araber.*

Was man dagegen ganz besonders freundlich anschauen sollte, ist das aragonische Lamm, vor allem das Milchlamm. Von ihm wird beinahe alles in der Küche verwertet: im Backofen in Butter gebacken, mit Kartoffeln *a lo pobre* (in Scheiben geschnitten und mit ganz wenig Öl auf sehr niedriger Hitze gegart) als Beilage; Koteletts und Rippchen auf Rebholz gebraten und Füße und Innereien, zu einem Strang gebunden, kross und schön goldbraun gebraten.

Der Teil des Pilgerwegs durch Aragón, der parallel zu den Hecho- und Ansó-Tälern verläuft, gehört zu Ober-Aragón. In diesem Gebiet bildete die Schafzucht historisch die Lebensgrundlage, wobei dem Wanderhirten beinahe der Status einer Sagenfigur zukam. Die Speisekarte wurde von den äußerst spärlichen Mitteln und wahrhaft schweren und feindlichen Lebensumständen diktiert.

Sobald es zu schneien begann, stiegen die Hirten mit ihren Herden auf der Suche nach einer Weide in die Täler hinab. In ihrem Reisesack fehlte nie ein Eisen- oder Kupfertopf sowie ein Eisenständer *(eraba)*, den sie in das Feuer stellten, um darauf ihre Mahlzeit zuzubereiten. Die Lebensmittel, die sie mit sich führten, waren vor allem lange haltbar: Kartoffeln, Brot, Salz, Speck, Wein, Reis, Trockenkabeljau und Trockensardinen. Die *migas* (Brotkrumen) gehörten mit zu den nahrhaften Speisen, die sie sich gewöhnlich zubereiteten. Man gab ein Stück Lammfett (oder Speck) in den Eisentopf und wartete, bis es in der Hitze des Feuers geschmolzen war. Unterdessen saß der Hirte auf dem Boden, hielt einen Korb zwischen den Beinen und schnitt das Brot in kleine, feine Scheiben. Diese legte er in den Korb, befeuchtete sie mit etwas Wasser und gab sie in den Topf, wo sie mit dem schon geschmolzenen Fett geröstet wurden. Sobald sie goldgelb waren, nahm er den Topf vom Feuer und verzehrte sie auf der Stelle, bevor sie kalt werden konnten. Dieses einfache Hirtengericht hat sich in der kulinarischen Tradition Aragóns erhalten, wenngleich es mit der Zeit um weitere Zutaten bereichert wurde. Dionisio Pérez, der sich selbst Post-Thebusen nennt, sagt Folgendes über die *migas*:

*Es ist das älteste und klassischste aller spanischen Gerichte, aus der Zeit noch vor den Invasionen durch Phöniker, Karthager und Römer; kurz, es ist ein iberisches oder keltiberisches Gericht.*

Ein weiteres für Ober-Aragón sehr typisches Gericht sind die so genannten *espárragos montañeses* (Bergspargel), gekochte Lämmerschwänze. Die Hirten schneiden die Schwänze der weiblichen Lämmer, die als Muttertiere vorgesehen sind, ab. Dies soll das Decken erleichtern. Das geschah jeweils am Karfreitag oder zu Allerheiligen; in einigen Gegenden im Hochgebirge hält man sich noch immer an diese Daten. Nach dem Abschneiden werden die Schwänze enthaart und zum Abtropfen aufgehängt. Man isst sie gebraten, allein oder mit einer Beilage aus geschmorten Tomaten, Paprika und Zwiebeln.

Teodoro Bardají schreibt darüber:

*In einigen Orten in Navarra und Aragón gilt ein Lämmerschwanz als das köstlichste Stück für ein klassisches Gericht; wegen seines vielen Fettes entsteht eine dicke milchige Brühe, die die Einheimischen selbst dem feinsten Consommé vorziehen, und sobald die Lämmerschwänze gekocht sind, werden sie bei niedriger Hitze von allen Seiten in Öl goldgelb gebraten und zusammen mit einer dicken Masse, bestehend aus geschmorten Tomaten und Paprika, serviert.*

Die Schafe wurden natürlich auch geschoren. Um diese Arbeit herum entwickelte sich ein keineswegs verachtenswertes Hirtenmenü. Erst wurden die weißen Lämmer geschoren und danach die schwarzen. Für jede Lämmergruppe, nach Farbe sortiert, gab es ein Lied, das die Hirten bei der Arbeit sangen: „*De blanco a negro vamos; de pelo no cambiamos*" („Von Weiß zu Schwarz wir gehen, doch bleiben wir beim gleichen Fell."). Sobald sie mit den schwarzen Lämmern fertig waren, fingen sie bei den Schafen, genauer, bei den weißen Schafen an: *„De negro a blanco vamos; de pelo cambiamos; agua o vino, el porrón con vino"* („Von Schwarz zu Weiß wir gehen, das Fell, das wird gewechselt; Wasser oder Wein, den Porrón gefüllt mit Wein."). Zum zweiten Frühstück aßen die Hirten Suppe, Trockenbohnen und einen Fleischeintopf. Dafür wurde extra ein Schaf geschlachtet und sein Fleisch gekocht. Nach zwei Uhr nachmittags legten sie wieder eine Pause ein und nahmen das *sopanvina* zu sich, das heißt, Brot in dicken Scheiben, mit Wein befeuchtet und mit Zucker bestreut, das sie in Tonschälchen gaben. Die Vesper bestand aus Schmorfleisch und Salat. Am Ende des Arbeitstages verzehrten sie ihren *trago del burro* (wörtlich: Eselsschluck), bestehend aus Schlackwurst, Käse und Wein. Zu Abend gab es schließlich Suppe, Salat und *menudo,* ein Gericht aus Lunge und Innereien des Schafes. Oft wurde auch *frechura* aus dem Blut und der Leber des Schafes zubereitet.

Der Jagd auf Kleintiere verdankt die aragonische Küche Köstlichkeiten wie mariniertes Rebhuhn, Wachteln in Zwiebeln, kleine gebratene Vögel und Kaninchen in *fritada*-Salsa mit Schnecken oder in *salmorejo*-Salsa. Zu den besten Stücken der Hochjagd zählte das Wildschwein, das trocken als Rauchfleisch aufbewahrt oder gekocht wurde, nachdem es zuvor eine Zeit lang in der traditionellen Marinade aus Rotwein und Gemüse gelegen hatte. Reh und Hirsch wurden gebraten, aber genau wie das Wildschwein mussten beide zuvor eine Zeit lang mariniert werden. Anschließend wurden sie in eine Pökelbrühe gelegt, die ihr Fleisch weich machte.

Weiter oben wurden drei Arten von Salsa erwähnt: *chilindrón, fritada* und *salmorejo,* die auch in La Rioja und Navarra viele Gerichte begleiten. *Chilindrón* wurde bereits erklärt (Seite 20), die *fritada,* eine Salsa aus La Rioja, ist ein *sofrito* (gebratene Mischung aus klein gehackten Gemüsen) mit Zwiebeln sowie reichlich Tomaten und Paprika, während *salmorejo* mit Gemüsen zubereitet wird, deren Zusammensetzung variieren kann. Die Eier in *salmorejo*-Salsa gelten als traditionelles Gericht.

Das Angebot an aragonischen Nachspeisen reicht von Obst und Süßigkeiten bis zu den verschiedensten Käsesorten. Birnen, Aprikosen, Pflaumen, Äpfel, Kirschen und besonders Pfirsiche werden in bester Qualität angeboten. Auf keinen Fall sollte man sich die Gelegenheit entgehen lassen, Walderdbeeren aus den Pyrenäen mit Zucker und Milch oder Brombeeren mit Zucker und Wein zu probieren. Die Feigen aus Fraga (Huesca) waren zu Recht berühmt und wurden exportiert. Da diese Früchte so reichlich wuchsen, wurden sie getrocknet konserviert und später für die Zubereitung von Kompott verwendet.

Traditionelles aragonisches Zuckerwerk umfasst neben den beliebten *rosquillas* (Kringel) auch *magdalenas* (längliche, in Papierhüllen gebackene Biskuits) und *buñuelos* (ein Spritzkuchen), weiter *turonnes* (eine typische Süßigkeit für die Weihnachtszeit, ursprünglich nur aus Mandeln und Honig bereitet), *piñonates* (Gebäck aus Pinienkernen), *almojábanas* (Käseküchlein), aragonische Früchte, *empedraos* (Plätzchen), die schon erwähnten *crespillos* zur Karnevalszeit, ebenso wie Marzipankastanien und allerlei für Jaca typische Köstlichkeiten. Der Pilger kann sie in jeder der Konditoreien probieren, die er in dieser Gegend meist gleich in der Ortsmitte findet.

Die lange Liste der Süßigkeiten aus Jaca umfasst die *lazos* (Schlingen) aus Blätterteig, die mit Eigelb glasiert und dann gebacken werden; die *collardas,* eine Art Brioche mit gemahlenen Mandeln, Korinthen und Orange, deren Form an den Berg Collarda erinnert; den *tronco de yema* (wörtlich: Eigelbstumpf), ein mit Marzipan überzogenes Eigelbbiskuit; die *patatas de Jaca* (Jaca-Kartoffeln), Marzipan, zubereitet mit Mandeln, Zucker und Eigelb; die *ansotanas,* Milchkaffeeplätzchen; die *corazones de Jaca* (Jaca-Herzen), Blätterteig in Herzform, mit Eigelb bestrichen und mit Zucker bestreut; die *besitos* (Küsschen), Krokantkaramellen, zubereitet aus Honig, Milch und Pinienkernen, Mandeln oder Haselnüssen; die *pastillas de San Juan de la Peña,* eine Variante der Milchkaffeeplätzchen; die *coronitas de Santa Orosia,* Brezeln, zubereitet mit Butter, Mandeln und Eiern, gebacken und mit Zuckerglasur überzogen; die *condes de Jaca* (wörtlich: Grafen von Jaca), Blätterteig mit einem Überzug aus geschlagenem Eiweiß, gebacken und in Dreiecke geschnitten; die *jaqueses* (die aus Jaca) aus sehr feinem Biskuit, überzogen mit Honig und gemahlenen Mandeln und in Dreiecke geschnitten. Eine große Auswahl an verführerischen Leckereien, die den Pilgerweg versüßen sollen. Am besten, man widersteht nicht.

Früher stellten die Mönche im Benediktinerkloster Santa Cruz, das aus dem 10. Jahrhundert datiert und damit der älteste Konvent im Königreich Aragón ist, die *civilicos* her, eine Art Halbmond aus Mehl, Eiern und Zucker mit einer Eigelbfüllung. Den Namen *civilicos* verdanken sie ihrer Form, denn sie

**Früchte aus Aragón**
*Angesichts des reichhaltigen Angebots an Früchten werden die Überschüsse kandiert, um sie länger haltbar zu machen. In Schokolade getaucht, sind sie eine besondere Leckerei.*

erinnert nicht so sehr an einen Halbmond als vielmehr an den Dreispitz, den die *Guardia civil* (die spanische Gendarmerie) trägt.

Die aragonischen Käsesorten sind nicht sehr bekannt; es gibt jedoch einige gute traditionelle Käse wie den *tronchón,* den schon Cervantes in Don Quijote erwähnt. Hergestellt wird er in der Gegend um Teruel von Maestrazgo. Anscheinend kostete Marie Antoinette von diesem Käse ebenso wie von den Aalen aus Alcañiz, denn beides bot ihr der spanische Botschafter, der Graf von Aranda, an.

Hat der Pilger Glück, kann er den Ansó-Käse probieren, der köstlich schmeckt, aber schwer zu bekommen ist, weil er ausschließlich für den Konsum vor Ort produziert wird. Wegen seiner Ähnlichkeit in Aussehen und Geschmack mit dem Roncal-Käse (Navarra) behauptet Jorge Puyo, ein Pastor und Schriftsteller aus Ansó, in seinen Schriften, der Ansó-Käse „wird häufig als Roncal-Käse verkauft, weil dieser von geringerer Güte ist". Das ist zwar eine achtenswerte, aber umstrittene Meinung, denn auch der Roncal-Käse ist von anerkannter Güte.

## Der Wein

Der Weinanbau geht auf die Römerzeit zurück. Typisch für die aragonischen Weine war ihr hoher Alkoholgehalt. Der Wein aus Cariñena wurde schon zu Beginn des 19. Jahrhunderts besungen:

*In deinem Glas der alte Wein schon glänzt,*
*Der gute Wein aus Aragón, der Cariñena.*
*Wohl verschlossen im kalten Keller*
*Hat er sechs Jahre geruht, und der Duft*
*Seines Alters kündet von samtiger Fülle.*
(Nach der Übersetzung von José de Urcullu, Valencia, 1820)

Gegenwärtig gibt es in Aragón vier Herkunftsbezeichnungen: D. O. Calatayud, D. O. Campo de Borja, D. O. Cariñena und D. O. Somontano. Allerdings liegt nur die letztgenannte in der Provinz Huesca, durch die auch der Pilgerweg führt.

## D. O. Somontano

Die Keller, die unter dieser Herkunftsbezeichnung produzieren, waren wegweisend bei der Erneuerung ihrer Anlagen. Sie haben den Alkoholgehalt der Weine reduziert. Auch verwenden sie Rebsorten, die ihren Weinen einen Hauch von Frische und Raffinesse verleihen.

**Geographische Lage:** D. O. Somontana liegt in der Provinz Huesca um die Ortschaft Barbastro herum; das Produktionsgebiet umfasst 43 Gemeinden.

**Weißweine:** Verwendet werden die weißen Rebsorten Macabeo, Garnacha blanca, Alcañón, Chardonnay und Gewürztraminer. Die traditionellen Weine stützen sich auf die Macabeo-Sorte. Erzeugt werden damit junge, strohgelbe Weine; sie sind fruchtig und frisch und trinken sich leicht. Die mit der Rebsorte Chardonnay erzeugten Weine sind von hoher Qualität, ob sie nun jung sind oder im Fass gereift. Eine regelrechte Offenbarung sind die Weine der Sorte Gewürztraminer, die eine Verkostung verdienen und einen festen Platz in jedem Keller, der auf sich hält. Wer ein Liebhaber der berühmten Weißweine vom Rhein ist, hat hier die Gelegenheit, sich an ihr unvergessliches Aroma zu erinnern.

**Rotweine:** Dafür werden die folgenden roten Rebsorten verwendet: Tempranillo, Garnacha, Parraleta, Cabernet Sauvignon, Merlot und Pinot Noir. Der traditionelle Rotwein wird mit den Sorten Moristel und Tempranillo erzeugt. Daneben erzeugt man aber auch andere, junge Rotweine mit den Rebsorten Moristel und Parraleta. Bemerkenswert sind die Reserva-Weine auf der Grundlage von Cabernet und Merlot, beide sehr angenehm und mit kräftigem Aroma.

Der Weinanbau in Aragón verdankt dem Bau des Weinmuseums im Kloster de Piedra einen weiteren Anstoß.

# DIE REZEPTE

## *Bacalao al ajoarriero*
## Klippfisch in Knoblauchsauce

**ZUTATEN FÜR 6 PERSONEN**

½ kg Klippfisch (Rücken oder dicke Stücke vom Kabeljau)
½ l Olivenöl
8 große Knoblauchzehen, geschält und in feine Scheiben geschnitten
1 kg Kartoffeln, geschält und in kleine Stücke geschnitten
½ kg Zwiebeln, fein geschnitten
5 Eier

◆ Die Klippfischstücke (ungewässert) auf Pergamentpapier oder Aluminiumfolie legen und bei sehr niedriger Hitze (80 °C) in den Backofen geben. Sobald der Klippfisch weich geworden ist, aus dem Backofen nehmen. Den Fisch in kleine Stücke zerteilen.

◆ Die Fischstücke wiederholt unter kaltem Wasser spülen, gut abtropfen lassen und beiseite stellen.

◆ Den Knoblauch in reichlich Öl in einer feuerfesten Form sanft anbraten und, sobald er goldgelb ist, den Fisch dazugeben. Alles auf niedriger Hitze schmoren.

◆ Öl in eine tiefe Stielpfanne geben und Kartoffeln und Zwiebeln dazugeben. Leicht andünsten und wie für eine Tortilla bei niedriger Hitze garen.

◆ Vor dem Servieren die Kartoffeln zum Fisch in die feuerfeste Form geben und bei niedriger Hitze die leicht geschlagenen Eier dazugeben. Das Ganze gut umrühren und, sobald die Eier geronnen sind, das Gericht schön heiß servieren.

*Viele Jahre lang war es in Alto Aragón Brauch, dieses Gericht in der Weihnachtsnacht nach der Christmette zu essen. Dazu wurde Rotwein aus großen Tonkrügen getrunken, in denen man in der Nacht davor getrocknete Feigen, getrocknete Obstschnitten, Quitten und Äpfel mit Zimt, Zucker und Muskatnuss angesetzt hatte.*

*Crespillos*

# Zuckerwerk aus Borretschblättern

**ZUTATEN FÜR 4–6 PERSONEN**

800 g Borretschblätter
½ l Milch zum Einweichen der Borretschblätter
4 Eier
Zucker, die gleiche Menge wie das Gewicht der Eigelbe (etwa 80 g)
Mehl, die gleiche Menge wie das Gewicht der Eigelbe (etwa 80 g)
Milch, die gleiche Menge wie das Gewicht der Eigelbe (etwa 80 ml)
½ Päckchen Backpulver oder etwas kohlensäurehaltiges Mineralwasser
Olivenöl
Zucker zum Besträuen

◆ Die Borretschblätter zwanzig Minuten in dem halben Liter Milch einweichen.

◆ Mit einem Holzlöffel die Eier mit dem Zucker cremig schlagen.

◆ Anschließend abwechselnd Milch und Mehl unter die Eiermischung rühren. Schließlich das Backpulver hineingeben. (Anstatt Backpulver zu verwenden, können Sie auch die Milch durch kohlensäurehaltiges Mineralwasser ersetzen.)

◆ Die Borretschblätter mit der Mischung begießen. In einer schweren Pfanne reichlich Olivenöl erhitzen. Die Blätter mit einem Sieblöffel in das Öl gleiten lassen und schön goldgelb und knusprig ausbacken.

◆ Die Borretschblätter auf einer Platte anrichten und mit Zucker besträuen.

# *Huevos al salmorejo*
# Salmorejo-Eier

**ZUTATEN FÜR 4 PERSONEN**

250 g Schlackwurst
250 g Schweinelende
Olivenöl
4 Scheiben Brot
¾ l hausgemachte Brühe aus Rindfleisch
und Gemüse
4 oder 8 Eier (je nachdem, ob pro Person eines
oder zwei genommen werden)
Salz

◆ Die Schlackwurst und die Lende in Scheiben schneiden. In Olivenöl leicht anbraten und beiseite stellen. Die vier Brotscheiben anrösten und beiseite stellen.

◆ Die Brühe auf vier einzelne, feuerfeste Schälchen oder kleine Kasserollen verteilen und mit Salz abschmecken.

◆ Die Schlackwurst- und die Lendenscheiben auf die vier Schälchen verteilen und die Schälchen aufs Feuer stellen. Die Brühe sanft köcheln lassen. Nach fünfzehn Minuten eine geröstete Brotschnitte in jedes Schälchen geben und darüber ein oder zwei Eier aufschlagen. Die *salmorejo*-Eier, sobald sie geronnen sind, in den Schälchen servieren.

◆ Nach Belieben mit gekochtem Spargel garnieren und dazu weißes Landbrot reichen.

*Magras con tomate*

# Gebratener Schinken in Tomaten-Salsa

**ZUTATEN FÜR 4 PERSONEN**

8 dicke Scheiben *jamón serrano* oder magerer luftgetrockneter Schinken
1 Glas Milch
1 kleines Glas Olivenöl
8 sehr dünne Brotscheiben
½ TL Zucker
2 EL Essig
1 kleines Glas trockener Weißwein
½ l *tomate frito* (pürierte gebratene Tomaten, fertig im Glas in spanischen Läden erhältlich)
1 rote Paprika, gebraten (nach Belieben)
2 EL fein gehackte Petersilie

◆ Die Schinkenscheiben fünfzehn Minuten in der Milch einweichen.

◆ Auf Küchenpapier geben und unter leichtem Druck mit einem zweiten Stück Küchenpapier trockentupfen.

◆ In einer Stielpfanne das Öl erhitzen und die Schinkenscheiben leicht anbraten. Danach auf einer Platte verteilen und warm stellen.

◆ Mit der Milch, in der der Schinken eingeweicht wurde, die Brotscheiben anfeuchten und in dem Öl, in dem die Schinkenscheiben gebraten wurden, goldgelb braten. Herausheben und auf einem Teller warm stellen. Den Zucker in das verbliebene Öl geben und schnell umrühren. Mit Essig und Weißwein aufgießen und die Mischung köcheln lassen, bis sie schön goldgelb geworden ist.

◆ Die in Streifen geschnittene Paprika und das *tomate-frito*-Püree in diese Mischung geben. Unter gründlichem Rühren alles erwärmen.

◆ Schinkenscheiben und Brotscheiben abwechselnd auf einer Platte verteilen und zum Schluss die Tomaten-Salsa darüber schöpfen. Mit der fein gehackten Petersilie bestreuen und servieren.

*Oft wird auf Essig und Wein verzichtet und nicht immer nimmt man Paprika.*

*Recao*
# Alltagseintopf

**ZUTATEN FÜR 6 PERSONEN**

1 kg weiße Bohnen
1 ganze Knoblauchknolle
1 Zwiebel, in Stücke geschnitten
2 Lorbeerblätter
100 g Schweineschmalz
Salz
1 kg Kartoffeln, geschält und in mittelgroße Stücke geschnitten
1 große Tasse Reis

◆ Die Bohnen vor dem Kochen über Nacht einweichen, dann abgießen.

◆ Die Bohnen in einen großen Schmortopf geben und mit kaltem Wasser auffüllen.

◆ Bei mittlerer Hitze eine halbe Stunde kochen.

◆ Nach Ablauf dieser Zeit die ganze Knoblauchknolle, die Zwiebel in Stücken, die Lorbeerblätter, das Schweineschmalz und das Salz dazugeben und alles sanft köcheln lassen.

◆ Nach etwa einer weiteren Stunde beziehungsweise eine halbe Stunde, bevor die Bohnen gar werden, die Kartoffelstücke dazugeben und nach einer weiteren Viertelstunde den Reis. Fünfzehn bis zwanzig Minuten köcheln lassen, also die Zeit, bis der Reis gar ist.

◆ Vom Feuer nehmen und mit gut verschlossenem Deckel fünfzehn Minuten ziehen lassen.

*Dieses Gericht muss auf niedriger Hitze köcheln und am Ende feucht gehalten werden.*

*Unter „recao" versteht man auf Spanisch alles Notwendige: Dieses Gericht war oft praktisch das Standardgericht einer Familie in Oberaragón.*

## *Ternasco entre dos fuegos*
# Lämmchen zwischen zwei Feuern

**ZUTATEN FÜR 8–10 PERSONEN**

1 Lämmchen (Milchlamm, nicht schwerer als 4 kg)
½ l Olivenöl
4 mittelgroße Zwiebeln
8 Knoblauchzehen
1 Lorbeerblatt
1 EL getrockneter Thymian
3 Tassen Consommé (Kraftbrühe)
50 g geschälte, gehäutete Mandeln
1 Lammhirn (das Hirn des verwendeten Lamms)
3 Butterkekse
1 Zweig Petersilie
Salz

◆ Das Lämmchen gut säubern und in mittelgroße Stücke schneiden (vom Metzger zerteilen lassen).

◆ In einen großen Schmortopf das Öl, die fein gehackten Zwiebeln und sieben gehackte Knoblauchzehen geben. Die zuvor eingesalzenen Lämmchenstücke dazugeben und alles bei niedriger Hitze anbraten.

◆ Sind die Zwiebeln weich und das Lamm leicht gebräunt, Lorbeerblatt, Thymian und Consommé dazugeben. Den Deckel auf den Schmortopf geben und alles ca. 2 Stunden bei niedriger Hitze köcheln lassen.

◆ Nach halber Kochzeit zerstoßene Mandeln, Lammhirn, Kekse, eine Knoblauchzehe und Petersilie hineingeben.

◆ Mit einem Holzlöffel alles verrühren. Dabei den Schmortopf hin- und herbewegen, damit sich alle Zutaten gut vermischen.

◆ Weiter auf niedriger Hitze köcheln lassen und von Zeit zu Zeit den Schmortopf energisch rütteln, damit nichts am Boden haftet.

◆ Die Sauce sollte dick bleiben. Vor dem Servieren mit Salz abschmecken.

◆ Heiß servieren, als Beilage *patatas a lo pobre* reichen.

*Für „patatas a lo pobre“ werden Kartoffeln in Scheiben wie für eine Tortilla mit einer mittelgroßen, fein gehackten Zwiebel in sehr wenig Öl auf niedriger Hitze gebraten. Mit Salz abschmecken und vor dem Servieren mit fein gehackter Petersilie bestreuen.*

**Valcarlos**

*Der erste spanische Ort des Pilgerwegs auf dem Gebiet von Navarra. Seinen Namen (Valle de Carlos, „Karls-Tal“) erhielt er zu Ehren von Karl dem Großen.*

# Navarra

*Hat man den Gipfel des Berges Port de Cizo überschritten, gelangt man zum Hospiz Roldán; dann zum Städtchen Roncesvalles; danach kommt man nach Viscarret; dann nach Larrasaoña; dann zur Stadt Pamplona; anschließend nach Puente la Reina; schließlich nach Estella, fruchtbar mit gutem Brot und ausgezeichnetem Wein ebenso wie mit Fleisch und Fisch und versorgt mit allerlei guten Dingen. Danach kommt man nach Los Arcos und Logroño ...*

(Codex Calixtinus)

HEUTE VERLÄUFT DER PILGERWEG DURCH:

Luzaide
Valcarlos
Ibañeta
Orreaga
Roncesvalles
Auritz-Burguete
Larrasaoña
Pamplona*
Astraín
Legarda
Puente la Reina
Estella
Irache
Los Arcos
Torres del Río
Viana

* Nachdem sie Pamplona verlassen hatten, wählten einige Pilger folgenden Weg nach Puente la Reina: Cizur Menor – Esparza-Uterga – Muruzábal-Obanos – Puente la Reine.

Die Pilger, die vom Somport-Pass kamen, schlugen, kurz bevor sie das Gebiet von Navarra betraten, einen der beiden möglichen Wege ein:

– von Yesa aus bogen sie zum Kloster von Leyre ab und kehrten auf den Pilgerweg zurück, indem sie von Liédena darauf stießen, oder aber

– auf der Höhe von Yesa machten sie einen Abstecher nach Javier, um bis nach Sangüesa zu gelangen und bei Liédena herauszukommen.

Bei Liédena trafen sich die Pilger wieder und folgten ein und demselben Weg bis nach Puente la Reina. Dort treffen die beiden Pilgerrouten zusammen: die, die in Somport und die, die in Roncesvalles beginnt: Liédena – Idocin – Monreal – Otano – Ezperun – Tiebas – Campanas – Eneriz – Obanos-Murúzabal – Puente la Reina. Von Puente la Reina an führt der Pilgerweg über folgende Stationen: Estella – Iroche – Los Arcos – Torres del Río und Viana.

Von Saint Jean-Pied-de-Port an, wo mehrere Pilgerwege zusammentrafen, auf denen die europäischen Jakobspilger entlangzogen, gab es zwei verschiedene Routen, um die Pyrenäen zu überqueren, die später, schon in Spanien, beim Ibañeta-Pass zusammenliefen.

Eine davon folgte noch der alten römischen Pflasterstraße, die von Burdeos nach Astorga verlief (der Trajansweg). Diese Straße hat auch Picaud genommen. Die zweite führte durch Valcarlos.

Valcarlos ist der erste spanische Ort des Jakobswegs auf dem Gebiet von Navarra. Die dem heiligen Jakobus geweihte Pfarrkirche von Valcarlos beherbergt ein Bild von Santiago Matamoros (dem „Maurentöter"). Der Ort wurde nach Karl dem Großen *Valle de Carlos* (Karls-Tal) benannt.

Auf dem Ibañeta-Pass liegt die Kapelle des heiligen Salvador und das Kloster *San Salvador de Ibañeta*. Das Pilgerhospiz, das einst zu diesem Kloster gehörte, war für seine hervorragende Betreuung der Pilger berühmt.

Die Stiftskirche *Nuestra Señora de Roncesvalles* liegt auf einem Gelände, auf dem ursprünglich die Kirche des Pilgerhospizes stand. Dort bekamen die Pilger mit größter Zuvorkommenheit alles, worum sie baten. Ausländische Pilger heben hervor, welch wundervolle Unterstützung ihnen hier zuteil wurde.

Künig berichtet (in der Mitte des 15. Jahrhunderts), dass es im Hospiz einen Mönch gegeben habe, der Lederarbeiten ausführte und den Pilgern zur Verfügung stand, um ihre Sandalen und ihre Schnürschuhe auszubessern. Im Hospiz gab es einen Barbier, „der allen, auf deren Kopf es vor Läusen wimmelt, Bärte und Haare abschneidet". Außerdem konnten die Pilger ein Bad nehmen und sich waschen.

In diesem Hospiz herrschte das Gesetz der universalen Großzügigkeit:

*Das Tor öffnet sich für alle, für Kranke und für Gesunde; nicht nur den Katholiken, sondern auch den Heiden, den Juden, den Häretikern, den Hassenswerten, den Eitlen; mit einem Wort: den Guten wie den Heiden. In diesem Haus wäscht man den Armen die Füße; man wäscht ihnen den Kopf und schneidet ihnen das Haar; das Leder ihrer Schuhe wird ausgebessert. Völlig ehrlichen Frauen, denen man weder Unsauberkeit noch Hässlichkeit vorwerfen könnte, trägt man auf, sich in den Dienst der Kranken zu stellen, die sie alle mit der gleichen Frömmigkeit pflegen. Die Häuser der Kranken sind hell erleuchtet, des Tages vom Tageslicht, des Nachts von Lampen, die wie das Morgenlicht leuchten. Die Kranken ruhen in weichen, schön verzierten Betten. Niemand geht fort, ohne dass seine Gesundheit wiederhergestellt wäre.*

Bonnecaze, ein Pilger im 17. Jahrhundert, beschreibt dieses Hospiz so:

*Sie geben in diesem königlichen Hospiz drei Mahlzeiten: ein halbes Pfund Brot zum Frühstück, ein Pfund Brot, ein halbes Pfund Fleisch und ein Viertel Wein und Suppe zum Mittag und noch einmal so viel zum Abendessen.*

**Roncesvalles. Kirche und Kreuzgang**
*Im Jahr 1132 gründete der Bischof von Pamplona, Sancho de Larrossa, zu Füßen des Ibañeta-Passes die königliche Stiftskirche Nuestra Señora de Roncesvalles.*

Manier, ein Pilger im 18. Jahrhundert, traf am Vorabend von Heiligabend in Roncesvalles ein und hinterließ diese Beschreibung:

> *Es ist ein Kloster mitten im Wald, wo der Boden zu jenem Zeitpunkt von Schnee bedeckt war. In diesem Kloster dürfen die Pilger drei Tage bleiben; und dort wurde uns, als wir eintrafen, zum Empfang ein gutes Feuer geschürt; anschließend gab es zu essen und danach einen guten Schlaf. Da war ein schönes Mädchen, das Haar in einem Zopf zusammengehalten, das die Pilger bediente und uns zum Abendessen ein Stück schwarzes Brot, Fleisch und zwei oder drei Gläser Wein auftrug.*

Manier sagt zwar, die Pilger dürften in diesem Hospiz drei Tage bleiben, tatsächlich aber konnte jemand, der dort krank eintraf, so lange bleiben, bis er wieder völlig hergestellt war. Das war längst nicht in allen Hospizen am Jakobsweg so üblich.

Die Stiftskirche beherbergt die Jesus-Kapelle sowie die Kapelle des heiligen Augustinus und den Schatz. Die Heilig-Geist-Kapelle (oder *Silo de Carlomagno*) ist die älteste der ganzen Anlage (12. Jahrhundert). In der Jakobuskirche (13. Jahrhundert) wird die Glocke des Hospizes *San Salvador de Ibañeta* aufbewahrt, die des Nachts läutete, um den Pilgern, die über den Cize-Pass kamen, den Weg anzuzeigen. Am Ausgang von Roncesvalles steht das *Cruz de los peregrinos* (Pilgerkreuz), auch *Cruz de Roldán* (Rolandskreuz) genannt.

**Die Jungfrau von Roncesvalles**
*Sie wird auch die „Königin der Pyrenäen" genannt.*

**Die Kirche von Roncesvalles**
*Das Bild der Jungfrau wird von herrlichen Glasfenstern im gotischen Stil gerahmt.*

Der Weg führt weiter durch Burguete (Marktflecken von Roncesvalles), Espinal, Viscarret (wo es im 12. Jahrhundert ein Pilgerhospiz gab), Linzoain, Erro, Zubiri, auch *pueblo del puente* (Brückendorf) genannt, denn hier wurde die Arga überquert. In Larrasaoña stand das Kloster *Santa María y San Augstín,* das zum Kloster von Leyre gehörte. Hier gab es auch zwei Hospize, die von der St.-Jakobus- bzw. der St.-Blasius-Laienbrüderschaft betrieben wurden.

Villava wurde von Sancho dem Weisen im Jahr 1184 neu besiedelt. Im 16. Jahrhundert erwog man, das Hospiz von Roncesvalles dorthin zu verlegen.

In Huarte, einem Stadtviertel von Pamplona, sollte der Pilger unbedingt die dem Evangelisten Johannes geweihte Kirche besichtigen. Neben der Magdalenenbrücke gab es ein großzügiges Hospiz, dessen Schirmherrin diese Heilige war (14. Jahrhundert).

Pamplona war die nächste Station, in der sich die Pilger ausruhen konnten. Sie betraten die Stadt durch das *Portal de Francia* oder das *Portal de Zumalacárregui* und die Mehrzahl lenkte ihre Schritte sogleich zur Marien-Kathedrale.

Gereicht wurden ein Napf mit Brühe und Schweinefleisch sowie Brot und ein Glas Rotwein. Aber hier speisten nicht nur die zwölf Pilgerapostel, sondern alle Wanderer, die sich dort einfanden. Der Pilger Manier beschreibt ausführlich das Essen, das im Hospiz der Kathedrale ausgeteilt wurde: „Sie gaben uns Suppe, Kabeljau, ein kleines Weißbrot und zwei Gläser Wein." Im Diözesanmuseum der Kathedrale kann man die Küchen und Kamine besichtigen, in denen diese Mahlzeiten zubereitet wurden.

Ganz in der Nähe der Kathedrale befand sich das *San-Miguel*-Hospiz mit fünfzig Betten. Genau wie in Roncesvalles erhielten die Pilger Brot, Wein, Fleisch, Gemüse und ein Bett. Wenn ein Pilger krank war, konnte er so lange bleiben, bis er wieder völlig genesen war. Es gehörte ebenfalls zu den Hospizen, die die Pilger in den höchsten Tönen lobten.

In Pamplona gibt es drei Stadtviertel, die noch den städtischen Umriss behalten haben, den ihnen ihre Ureinwohner einst gaben. Diese Stadtviertel verdanken ihre Existenz dem Jakobsweg.

- *La Navarrería,* der alte Stadtkern, weist eine klassische romanische Struktur auf.
- *San Nicolás* ist rechteckig angelegt und beherbergte mehrere Pilgerhospize.
- *San Saturnino* ist sechseckig.

Auch in diesen Stadtvierteln wurden Hospize eingerichtet, in denen vor allem französische Pilger einkehrten. Den Franken wurden Sonderrechte eingeräumt, denn man wollte, dass sie sich hier niederließen und in Navarra und Kastilien blieben.

Bevor man Pamplona hinter sich lässt, empfiehlt sich ein Besuch in den Kirchen *Santo Domingo, San Saturnino* und *San Lorenzo*. Der letztgenannte Heilige ist einer der Schutzpatrone von Navarra. Auch ein Besuch im Museum von Navarra lohnt, da es Exponate enthält, die mit dem Jakobsweg zusammenhängen.

Der nächste Halt auf dem Pilgerweg ist Cizur Menor. Hier nahm ein Johanniterhaus die Pilger auf. Dieses Gebäude, von dem nur noch Ruinen erhalten sind, datiert aus dem 12. Jahrhundert und war einst sehr prachtvoll. Ein weiteres Hospiz unter der Schirmherrschaft der Gnadenreichen Muttergottes lag in der Calle San Emeterio Nr. 1; es befand sich im Besitz der Laienbruderschaft des Apostolats.

Es geht weiter auf dem Weg durch Astrain, Legarda (vielleicht beschließen einige Pilger auch, über Obanos zu gehen) und Puente la Reina. Diese Ortschaft entstand einzig und allein dank des Jakobswegs. Um den Pilgern das Überqueren der Arga zu ermöglichen, wurde eine Brücke gebaut. Da der Anstoß dazu von der Königin, Doña Mayor, der Gemahlin von Sancho III. dem Großen, König von Navarra, ausging, heißt der Ort Puente la Reina. Unerlässlich ist ein Besuch in der dortigen Kreuzigungs- und Christuskirche; ihre westgotischen Ursprünge gehen auf das 4. Jahrhundert zurück. Bei einem Spaziergang durch die Hauptstraße, bei dem man auf den Spuren der mittelalterlichen Pilger wandelt, sollte man anhalten, um die Fassade der Jakobuskirche zu bewundern.

Danach lässt man Puente la Reina hinter sich und kommt auf dem Pilgerweg weiter nach Mañeru, Cirauqui (interessant sind hier das Portal der Kirche *San Román* und die Kirche *Santa Catalina*, beide aus dem 13. Jahrhundert), Lorca (sehenswert ist die *San-Salvador*-Kirche), Villatuerta und Estella.

Wegen seiner zahlreichen Hospize, Herbergen und Laienbruderschaften gilt Estella als eine der schönsten Ortschaften am ganzen Pilgerweg. In Estella empfiehlt sich der Besuch einer Reihe von Stätten und Baudenkmälern: der *Plaza de San Martín* mit dem Springbrunnen; des Rathauses, des Palastes der Könige von Navarra, der Kirche *San Pedro de la Rúa* (in ihrem Garten sind Pilger beerdigt), des Palastes der Herzöge von *San Christóbal*, des Gouver-

**Die Magdalenen-Brücke**
*Bei dieser Brücke in Huarte, einem Stadtviertel von Pamplona, lag ein Hospiz mit dem Namen Magdalena. Im 14. Jahrhundert kümmerte man sich hier besonders um Leprakranke.*

**Die Kathedrale von Pamplona**
*Die Pilger gelangten durch das „Portal de Francia" oder das „Portal de Zumalacárregui" zur Kathedrale.*

**Puente la Reina**
*Dieser Ort entstand einzig und allein dank des Jakobswegs.*

**Die alte Brücke von Estella**
*Estella zählt mit zu den schönsten Orten, denen der Pilger auf dem Camino begegnet.*

**Der Königspalast in Estella**
*Blick auf die Fassade des Palastes der Könige von Navarra, der auch unter dem Namen „Palast der Herzöge von Granada de Egea“ bekannt ist. Er wurde Ende des 12. Jahrhunderts erbaut und vor einigen Jahren restauriert.*

**San Pedro de la Rúa**
*Diese Kirche am Fuß des Felsens der Zitadelle ist die größte von Estella; ihre Bauzeit erstreckte sich vom Ende des 12. bis zum Beginn des 13. Jahrhunderts.*

neurspalastes, der heiligen Grabeskirche, des Klosters *Santo Domingo,* der Kirche *Santa María Jus del Castillo,* der Kirche des Erzengels Michael und der Kirche Johannes des Täufers.

In der Umgebung von Estella ist die Basilika *Nuestra Señora del Puy* mit dem Bild der außer Händen und Gesicht ganz mit Silber überzogenen Jungfrau zu bewundern. Unterwegs nach Logroño begegnet man den Überresten der Einsiedelei *Nuestra Señora de Rocamador,* die im Mittelalter als Pilgerherberge diente. Sowohl die *Virgen del Puy* (Jungfrau von Puy) als auch die Einsiedelei von Rocamador sind dem heiligen Jakobus gewidmet.

Ungefähr einen Kilometer vor Ayegui führt eine Abzweigung zum Kloster Irache, das eines der wichtigsten Hospize am Pilgerweg beherbergte. Hier lebte seit 1069 der heilige Veremundo, Schutzpatron des Jakobswegs in Navarra. Veremundo verbesserte die Zugangswege nach Irache und förderte die Wiederbesiedlung des Pilgerwegs, indem er kleinere Klöster gründete, die seinem Kloster unterstanden. Er starb 1099. Zusammen mit Santo Domingo de la Calzada und San Juan de Ortega bildet er das Dreigespann der Heiligen, die den Pilgerweg und seine Pilger am nachdrücklichsten unterstützten. Dem heiligen Veremundo wird sogar ein Wunder zugeschrieben. In einem Keller, der zum Kloster gehört, soll es zwei Quellen geben: Aus der einen sprudelt Wasser, aus der zweiten Wein.

Mit der schönen Erinnerung an das Leben dieses Heiligen geht es zurück nach Ayegui und weiter durch Azqueta, Urbiola und Los Arcos, in dem es im 13. Jahrhundert ein Pilgerhospiz gab; weiter durch Sansol, in dem ebenfalls ein Hospiz stand, und Torres del Río. In diesem Ort sollte man unbedingt in der heiligen Grabeskapelle Halt machen; sie ist genau wie die auf Seite 46 erwähnte in Eunate achteckig und diente als Grabkapelle. Ungefähr drei Kilometer von Torres entfernt steht das Heiligtum *Nuestra Señora del Poyo* mit einem Bild der Jungfrau aus dem 14. Jahrhundert. Viana ist der letzte Ort in Navarra am Pilgerweg, bevor es in das Gebiet von La Rioja geht. Viana wurde von Sancho dem Starken zur Verteidigung vor Übergriffen aus Kastilien gegründet und besaß vier Hospize. Unbedingt zu besichtigen sind das Kloster *San Pedro* und die gotische Kirche *Santa María.*Kehrt der Pilger Viana den Rücken, erwartet ihn La Rioja.

Die Pilger, die von Somport kommen, gelangen nach Navarra, nachdem sie den aragonischen Stausee Yesa hinter sich gelassen haben. Wenngleich es keine schriftlichen Belege dafür gibt, dass die Pilger im Kloster von Leyre Halt machten, lohnt sich ein Besuch vor Ort. Im gesamten 11. Jahrhundert stand es an der Spitze aller Klöster in den Pyrenäen auf dem Gebiet von Navarra. Kirche, Krypta und die *Porta Speciosa* sind dem Publikum zugänglich. Der Rest des Gebäudes ist ihm verschlossen, weil er auch heute noch von Benediktinermönchen bewohnt wird, die, wie könnte es anders sein, einen Kräuterlikör herstellen, den man vor Ort kaufen kann.

Auf der anderen Seite von Leyre, direkt gegenüber, führt ein Abstecher nach Sangüesa. Bevor man diesen wichtigen Ort am Pilgerweg erreicht, kommt man durch Javier, den Geburtsort des heiligen Francisco Javier, Mitbegründer des Jesuitenordens.

Hat man Sangüesa erreicht, dem Sancho Ramírez Sonderrechte einräumte, sollte man die Kirche *Santa María la Real* mit dem romanischen Portal und der

**Das Irache-Kloster**
*Die Kirche des Klosters in Irache, Außenansicht, und der Kreuzgang, Innenansicht. Hier lebte und starb der heilige Veremundo, Schutzheiliger des Jakobswegs seit 1069. Zusammen mit dem heiligen Domingo de la Calzada und dem heiligen Juan de Ortega bildeten die Heiligen ein Trio, das über den Jakobsweg und seine Pilger wachte.*

Jakobuskirche aus dem 12. bzw. 13. Jahrhundert besichtigen. Am Ausgang von Sangüesa, am Weg nach Liédena, stand das Magdalenenhospiz, das Leprakranke aufnahm. In Liédena selbst befand sich, noch vor der Brücke, das Hospiz *San Nicolás.*

Zwischen Sangüesa und Liédena liegt Rocaforte. Man nimmt an, dass hier das alte Sangüesa lag und dass hier der heilige Franz auf seinem Weg nach Compostela zum ersten Mal verhaftet wurde. Hier zog er sich in eine kleine, dem heiligen Bartholomäus geweihte Kapelle zurück, bevor er buchstäblich eigenhändig das erste Haus und Kloster des Ordens baute.

Von Liédena führt der Pilgerweg durch Idocín, Geburtsort des Kämpfers Espoz y Mina; weiter durch Monreal, wo im 12. Jahrhundert mehrere Hospize existierten, durch Campanas, wo die Einsiedelei *San Nicolás de Barí* steht, deren Bewohner seinerzeit den Pilgern ein Obdach anbot. Danach geht es weiter nach Enériz und Obanos, in dem es mehrere Pilgerhospize gab, und Puente la Reina.

Vor der Ankunft in Obanos und am Ende von Muruzábal befindet sich die Einsiedelei *Nuestra Señora de Eunate.* Sie hat einige architektonische Besonderheiten, wie einen achteckigen Grundriss, der an die heilige Grabeskirche in Jerusalem erinnert.

## Die Küche

Navarra lässt sich nach seiner Geographie in drei Gebiete unterteilen, die ebenso vielen gastronomischen Zonen entsprechen: In der Bergzone im Norden wird viel gejagt und die Flüsse sind voller Forellen. In der mittleren oder Zwischenzone, auch „Zone der Braten" genannt, wird ebenfalls eifrig gejagt und auch hier sind die Flüsse voll mit Forellen. Die untere Zone mit ihren Gärten wird auch als *Ribera* bezeichnet.

**In der nördlichen oder Bergzone** haben vor allem die Jagdgerichte Tradition. In Roncesvalles machte man mit dem Netz Jagd auf lebende Tauben. Damit ahmte man eine Technik nach, die ursprünglich im Ort Echalar in Navarra angewandt wurde. (Die Tauben von Echalar waren so angesehen, dass einige französische Kochbücher sogar das Rezept für *Palombes d'Echalar,* „Echalar-Tauben", übernommen haben.) Bei der Jagd steht auf dem höchsten Punkt der Roncesvalles-Schlucht ein Wächter. Sobald die Vögel mit dem Nordwind in die Schlucht einfliegen, wirft der Wächter eine Holzscheibe. Ihr Schatten täuscht den Ringeltauben einen Sperber vor. Die Tauben fliehen vor dem falschen Raubvogel durch einen rasanten Flug, der genutzt wird, um das Netz über sie zu werfen. Die so gefangenen Tauben sind eine begehrte Delikatesse. Sie bleiben längere Zeit frisch und schmackhaft, weil sie kein Blut verloren haben.

Im Mittelalter brachte die Jagd in ganz Navarra, nicht nur in dieser Zone, eine üppige und vielfältige Beute. Die Hochjagd erstreckte sich auf Wildschweine, Hirsche, Rehböcke und anderes Rotwild sowie Bären und Wölfe. Bei der Jagd auf Kleintiere wurden Kaninchen, Rebhühner, Wachteln, Drosseln und Singdrosseln, kleine Vögel und die schon erwähnten Tauben erbeutet. Die Rezepte für die Zubereitung der erlegten Tiere sind traditionell und fast schon universal. Olivenöl, Butter, Essig, Rotwein, aromatische Kräuter und Gewürze (Lorbeer, Thymian, Paprika, Nelken) und Speck zum Spicken. Dazu kommen ein paar rote Paprikaschoten und anderes Gemüse und durchaus auch einige Brocken Schokolade. Rebhuhn in Schokoladensauce oder Wachteln in Weinblättern sind zwei für Navarra sehr typische Jagdgerichte. Gemsbock mit roten Bohnen kennt man sowohl in Navarra als auch in Asturien.

Ein uraltes Gericht ist Kaninchen in *pebre* (in Pfeffersalsa). Sein Geheimnis ist die Salsa, die früher

**Zimt**
*Der Zimt ist ein Gewürz, das in Spaniens Küche im ganzen Land großzügig verwendet wird.*

mit Paprika, Safran, Nelken, Essig, Knoblauch und anderen Gewürzen zubereitet wurde. Heute werden Safran und Nelken weggelassen. In der Bárdena de Arguedas bezeichnet *pebre* eine Salsa aus gebratenen Tomaten, Paprika, Chilis, Knoblauch und Olivenöl.

Wildschwein wird als Schmorfleisch zubereitet: Der Kopf wurde früher gekocht, sodass man eine Brühe hatte, während Pfoten und Ohren gespickt und in der Pfanne gebraten wurden.

Seit der Konsum von Entenfleisch gestiegen ist, gibt es in Nord-Navarra Entenfarmen. Die Tiere werden zu mageren Entenfilets, Eingemachtem und Leberpastete weiterverarbeitet.

Seinen Flüssen verdankt Navarra die überall hoch geschätzten Forellen. Forellen nach Navarra-Art, bei denen eine Scheibe Serrano-Schinken den zarten Fischgeschmack ergänzt, werden nach einem Rezept aus dem alten Königreich zubereitet. Luis Antonio de Vega, Schriftsteller und Koch, sagt dazu: „Navarra hat die Welt gelehrt, Forelle zu essen." Andere Fische wie Lachs und Aal vervollständigen das Angebot an Süßwasserfischen. Aus dem Salzwasser, dem Meer, vor allem aus Kantabrien, kamen Seehecht, Zahnbrasse, Sardine und Thunfisch. Ein gewohnter Anblick waren eingesalzene Fische wie Hering, Meeraal und natürlich Kabeljau. Genau wie in Aragón ist die Zubereitung mit einer *ajoarriero*-Salsa die traditionelle Art. Diese Sauce wurde mit Zwiebeln, Knoblauch, Olivenöl und einer Tomatensalsa zubereitet. Manchmal wurde die Tomatensalsa durch getrocknete *Choricero*-Paprika oder auch frische grüne oder rote Paprika ersetzt. Mit der Zeit kamen zu dieser Grundsalsa in sehr kleine Stücke geschnittene Kartoffeln, Langusten und Kaisergranat, Schnecken und auch Muscheln dazu.

Der Mönch Salsete führt in seinem Buch aus dem 17. Jahrhundert insgesamt zehn verschiedene Rezepte für die Zubereitung von Kabeljau an, darunter auch eines über „Kabeljau in *ajoarriero*-Salsa":

> *Den Kabeljau nach dem Kochen abtropfen lassen. Zwiebeln und Tomaten anbraten, Petersilie, Knoblauch und Paprika zerkleinern und unter das Gebratene mischen. Eine Schicht Kabeljau und darüber eine Schicht mit dieser Salsa hineingeben, mit Wasser auffüllen, zweimal kochen lassen und mit Salz abschmecken.*

**Die Artischocke**
*Die Artischocke aus Navarra wird in ganz Spanien sehr geschätzt.*

Die *sopa* oder *potaje de coles* (Kohlsuppe mit Speck) mit den Grundzutaten Kartoffeln, Kohl, grüne Bohnen, Dicke Bohnen, Erbsen, Speck, Schweinelende, Brühwurst und Schinkenknochen ist eine für das Bergland in Navarra sehr typische Spezialität. Die französische Küche hat sie unter einem anderen Namen übernommen. Das ist nicht das einzige Gericht spanischer Herkunft, das in Frankreich große Beliebtheit erlangte. Zweifelsohne hat der Pilgerweg den kulturellen Austausch und damit auch den kulinarischen begünstigt.

Die *sopa cana* (Zimtsuppe), eine Suppe aus Milch, Brot, Zimt, Zucker und Hühnerfett gilt in ganz Navarra als traditionell, genau wie die *sopa de ajo* (Knoblauchsuppe) mit pochierten Eiern oder die *migas* (wörtlich: Brotkrumen), die ein weit verbreitetes Hirtengericht sind. In der Bergzone wird auch hervorragendes Fleisch von jungen Rindern produziert sowie eine große Vielfalt an Käsen, Quark und geronnener Milch, wie es für einen Landstrich mit großem Weidebetrieb nicht überrascht.

**Die mittlere oder Zwischenzone** ist berühmt für ihre Braten und Gerichte mit Zicklein, Lamm und Spanferkel. Man sollte es sich nicht zweimal überlegen, sondern in Estella einen guten Braten genießen. In dieser Ortschaft hat die Jagd auf Wandertauben Tradition. Eine weitere Spezialität sind

Gerichte mit Rebhuhn, Wachtel und Schnepfe. Während es in der nördlichen Zone Forellen gibt, liefern die Flüsse Egea, Urederra und andere leckere Karpfen.

Zicklein und Lamm kamen häufig als *cochifrito* auf den Tisch, eine Zubereitungstechnik, bei der sich Gebratenes und Gekochtes zu einem exquisiten Resultat verbinden. Das Gericht ist gelungen, wenn die Zicklein- oder Lammstücke am Ende gut angebraten und auch ohne Salsa sehr saftig sind. Man schätzte das zarte Fleisch auch als Braten und, wie könnte es anders sein, mit *chilindrón* serviert. Lamm in *chilindrón* gilt mittlerweile als geradezu typisches Gericht für Navarra – neben *calderetes*, die man natürlich auch an anderen Orten in Spanien isst. Der Name *calderetes* stammt von dem Kessel, in dem Hirten und Jäger auf dem Feld gekocht haben.

Die *chuletitas de cordero a la Navarra* (Lammrippchen nach Navarra-Art) sind ein weiteres für Navarra ganz und gar typisches Gericht. Es wird in einer feuerfesten Form mit Zwiebeln, Schinkenstücken und gehackten frischen Tomaten zubereitet. Am Ende bedeckt man die Rippchen mit feinen Scheiben Pamplona-Wurst. Die Überreste vom Lamm werden nicht weggeworfen, sondern allesamt genutzt: Füße, Nieren und Leber genauso wie Kopf und Eingeweide. Zwei historisch geprägte Gerichte aus Navarra sind die *fricacea* aus Köpfen, Füßen, Bries, Leber und Eingeweiden vom Lamm. Sie werden zusammen mit einer Salsa aus getrockneten Paprika, und *patorrillo* oder *menudo de cordero* (in Gedärme gestopfte Lammfüße) in einer Salsa aus Tomate, Zwiebel, Knoblauch, Paprika und Speck gekocht. Das Kochwasser der Füße nutzt man zum Binden der Salsa. Schweine- und Rindfleisch werden wie anderenorts gebraten oder gekocht.

Auf dieser gastronomischen Straße entlang dem Jakobsweg gibt es genügend Gründe, um einen Halt einzulegen. In jedem Fall sollte der Pilger mit einem Löffel bewaffnet vor einem Teller mit roten Bohnen Platz nehmen, so genannten *caparrones*, oder den auserlesenen *pochas*, weichen weißen Bohnen, die erst kurz zuvor ausgehülst wurden. Ihre beste Zeit sind die Monate Juli und August. Die Krone gebührt den *pochas* aus Sangüesa.

**In den Gärten der unteren Zone, auch *Ribera* genannt**, gedeiht eine Vielfalt an Gemüsen und Hülsenfrüchten, die in ganz Spanien gelobt werden. Um über die Gemüsegärten von Navarra zu berichten und etwas von ihrer Tradition einzufangen, eignet sich nichts besser als ein Rückblick in die Vergangenheit, konkret ins 17. Jahrhundert. Aus dieser Zeit datiert ein Kochbuch, *El cocinero religioso instruido en prestar las comidas de carne, pescado, yerbas y potajes a su comunidad* (Der fromme Koch: Anleitung zur Zubereitung von Gerichten mit Fleisch, Fisch, Gemüsen und Suppen für seine Gemeinde), verfasst von einem Augustinermönch unter dem Pseudonym Antonio Salsete. Über den Spargel, der heute noch eine der Spezialitäten aus Navarra ist, schreibt er:

> *Dieses Gemüse sollte, um es, wie es sich gehört, zuzubereiten, von einem Rekonvaleszenten geschnitten werden, denn mit seinen schwachen Kräften wird er vom Spargel nur das abbrechen, was man isst, während die kräftigen Köche, die alles abschneiden und verwenden, was abgeschnit-*

**Geronnene Milch oder mamía**
*Die Zubereitung ist ganz einfach, denn „mamiá" besteht aus nur zwei Zutaten: aus Milch und Lab.*

**Huhn in Chilindrón**

*Die „chilindrón"-Salsa kennt man sowohl in Aragón als auch in Navarra. Sie ist sehr aromatisch und passt wunderbar zu Huhn, Lamm und gekochtem Fleisch. Ihre Grundlage bildet ein einfaches „sofrito" aus einer großen Zwiebel, zwei oder drei roten Paprika und drei Tomaten. Alles klein schneiden und mit Olivenöl andünsten. Zunächst in einem Schmortopf ein halbes Glas Olivenöl erhitzen und darin eine Knoblauchzehe goldgelb braten. Einige kleine Schinkenstückchen und schließlich in Stücke geschnittenes Huhn dazugeben. Das Huhn salzen und leicht goldgelb anbraten. Nun die klein geschnittenen Gemüse hinzufügen und alles gut vermischen. Nach Belieben mit Lorbeerblatt und Chili würzen. Den Schmortopf zudecken, damit das Huhn gut im Saft des „sofrito" schmort. Auf niedriger Hitze köcheln lassen. Man wird feststellen, wenn man dem gastronomischen Weg nach La Rioja folgt, dass auch dort Fleischgerichte in einer Sauce geschmort werden, die der „chilindrón"-Salsa sehr ähnelt, die jedoch einige für La Rioja typische Bestandteile enthält.*

*ten werden kann, uns anstelle von Spargel ungenießbare Knüppel und Pfähle kochen. Vom Spargel darf nur das genommen werden, was er selbst freiwillig von sich geben würde, im Allgemeinen sind das zwei Bissen. Der Rest ist Holz.*

Salsete beschreibt eine Reihe von Gemüsen und informiert über die Art ihrer Zubereitung (trotz der seither verflossenen Zeit sind seine Ratschläge noch immer gültig): Gefüllter Kopfsalat; Endivien; gefüllte Auberginen; Dicke Bohnen, allein gekocht, in einem Gemüseeintopf oder als Salat; gefüllte Gurken; roher Sellerie, geputzt, die weißen fleischigen Blättchen angemacht mit Öl, Salz, Pfeffer und Essig; rohe Kardone, sorgfältig alle Fäden entfernt, den rötlichen Teil angemacht mit zerstoßenem Knoblauch, Pfeffer, Ingwer, aufgelöst in Öl, Essig und Salz; Kardone mit Haselnüssen, Knoblauch und Öl gekocht und gedämpft. An diese Formel hält man sich bis zum heutigen Tag, nur nimmt man anstelle von Haselnüssen Pinienkerne oder eine weiße Sauce mit Mandeln. Des Weiteren gekochter und gedämpfter Spinat; gekochter Mangold mit einer Knoblauchsalsa angemacht; Kürbis; in Schweineschmalz gebratene Tomaten, die zum Fleisch gegeben werden, sobald es halb gar ist. Er behauptet, dass „alle, die feine kleine Tomaten haben, immer gute Köche sind“. Er empfiehlt, die gebratene Tomatensalsa mit Zwiebeln zuzubereiten und mit Knoblauch, Kümmel, Salz, Essig und Brotkrumen anzumachen. Er führt Blumenkohl auf, mit Öl und Knoblauch gedämpft und mit Essig abgeschmeckt, Artischocken und Zwiebeln, mit Hackfleisch gefüllt. Für Borretsch nennt er außer der Zubereitung als Gemüse auch das Rezept für *crespillos*, die typische aragonische Leckerei für den Karneval.

In dieser umfassenden Aufzählung fällt auf, dass Paprika gänzlich fehlen. Das kann dadurch erklärt werden, dass sie bis zum Ende des 19. Jahrhunderts nicht als Gemüse verwendet wurden.

Paprika und Tomaten gelangten 1521 mit Hernando Cortés nach Spanien. Die Tomate wurde sofort akzeptiert und in alle Rezepte integriert, sowohl frisch als auch in Form von Salsa. Paprika wurden dagegen getrocknet, zu Pulver zermahlen und in Wurstwaren verwendet. Auch zur Herstellung von Lehmziegeln oder als Konservierungsmittel von Wurst diente das Pulver. Es war ein in der spanischen Küche viel gebrauchtes, vor allem aber missbrauchtes Gewürz. Als die Paprika dann endlich als Gemüse akzeptiert wurde, stieg sie schnell zur Königin der Gemüsegärten in der Ebene von Navarra auf.

In dem tiefer gelegenen Landesteil, der Ribera, ist die Küche recht abwechslungsreich. Herausragend sind die *menestra de verduras* (Gemüseeintopf) und alle Gerichte, in denen Paprika verwendet werden. Sehr typisch sind mit Klippfisch, Fleisch und, das ist eine neuere Kreation, Meerestieren gefüllte Paprika.

Ein kurzer Blick auf die Nachtische in Navarra zeigt, dass die erwähnte *sopa cana* aus der Bergzone sich mittlerweile in eine Süßigkeit verwandelt hat. Auch aus *mamía* oder Quark werden gerne Desserts bereitet. *Mamía* wurde ursprünglich in einem besonderen Verfahren von Hand hergestellt: Die Milch wurde in den *kaiku* gegossen (ein Holzgefäß, wenn möglich aus Birkenholz, das kein Wasser absorbiert; es war trapezförmig und besaß einen Griff). War der *kaiku* mit Milch gefüllt, kamen einige weiß glühende Steine (*esnearri* oder *kaikuarri*) hinein, die die Milch zum Sieden brachten und ihr einen typischen, leicht angebrannten Geschmack gaben. Danach kam Lab vom Schafmagen dazu. Sobald die Milch geronnen war, hatte man schmackhafte *mamía*.

Käse aus Navarra stammt immer vom Schaf. Die Namen der Käsesorten beziehen sich in ihrer Mehrzahl auf die Berge oder Täler, in denen sie meistens von Hand hergestellt werden. Die Käse mit den Namen Los de Lanz, Aralar (geräuchert), Las Bardenas, Ulzama und Urbasa benötigen bis zur Reife drei Monate. Weithin bekannt ist der Roncal-Käse mit ausgewiesener Herkunftsbezeichnung. Die französischen Nachbarn wissen ihn sehr zu schätzen.

**Borretsch**
*Es ist das beliebteste Gemüse in Aragón und Navarra. Man isst sowohl seine Stängel als auch seine Blätter. In Teig ausgebacken verwandeln sich die Blätter in eine köstliche Süßspeise.*

Nichts eignet sich besser, um eine Mahlzeit abzuschließen, als ein Gläschen *pacharán,* ein mit Anis zubereiteter einheimischer Likör, in dem ein paar Schlehen, auf Spanisch *pacharanes* genannt, ziehen durften. In Nord-Navarra gibt es einen anderen Likör, den *patxoka* oder *sagarmiñek,* mit getrocknetem, süßem Anis zubereitet, in dem man kleine Äpfel ziehen lässt. Ursprünglich trank man ihn bei Magenbeschwerden. Verdauungsliköre gab es schon in grauer Vorzeit. Die Klöster waren wunderbare Laboratorien, in denen allerlei alkoholische Getränke auf Kräuterbasis entstanden, deren Zusammensetzung bis heute eifersüchtig gehütet wird.

## Der Wein

Der Weinanbau in Navarra geht auf die Römerzeit zurück. Im Süden der Provinz hat man Überreste von Keltern aus dem 2. Jahrhundert gefunden. Während der arabischen Besatzung ging die Produktion stark zurück. Zu Beginn des Mittelalters erfuhr sie dank des Jakobswegs einen Aufschwung.

In Navarra liefen die beiden wichtigsten Pilgerströme aus Roncesvalles und Somport zusammen, was dem Weinanbau in Navarra einen gewaltigen Anstoß gab. Er konnte überdies mit der Unterstützung der Mönchsherbergen und Hospize rechnen. Der Wein wurde zu Heilzwecken verabreicht und diente sowohl als Speise wie auch als tröstendes Getränk. Schriftliche Quellen belegen, dass allein in Roncesvalles 40 000 Liter jährlich produziert wurden.

Im 14. Jahrhundert begann Navarra mit der Ausfuhr. Man schickte Wein in Fässern in die Normandie und in andere Regionen im Ausland. Am intensivsten wurde jedoch später der Handel mit der Neuen Welt. Schon in jenem Jahrhundert wurde der Roséwein, besonders der aus Puente la Reina von Reisenden in den höchsten Tönen gelobt.

Im 17. Jahrhundert, als die Reblaus die französischen Weingärten zerstörte, verkauften die Produzenten von Navarra große Mengen Wein an das Nachbarland. Gegen Ende des 19. Jahrhunderts erreichte diese verheerende Plage auch Navarra, aber schon in der Mitte des 20. Jahrhunderts erfuhr der Weinanbau in der Region Navarra erneut einen großen Aufschwung dank der Gründung zahlreicher Winzergenossenschaften. Zudem wurden neue Rebsorten eingeführt und die Weinbereitungsanlagen von Grund auf erneuert, alles mit dem Ziel, eine möglichst hohe Qualität der Weine zu erreichen und an die Spitze des großen Weinmarkts in Spanien und im Ausland zu rücken.

In Navarra gibt es zwei Herkunftsbezeichnungen: D.O. Navarra und D.O. Rioja (Letztere wird im Kapitel „La Rioja“ besprochen).

## D.O. Navarra

Da diese D.O. ganz unterschiedliche Klimazonen umfasst, werden auch Weine mit deutlichen Unterschieden erzeugt. Wenngleich D.O. Navarra stets mit Roséweinen in Verbindung gebracht wurde, sind die Rotweine in den letzten Jahren von ausgezeichneter Qualität: Sehr bekannt, vor allem im Ausland, sind die Rotweine aus privaten Weinkellereien. Allem Anschein nach haben diese mehr Erfolg beim Lancieren von Rotweinen. Die Winzergenossenschaften konzentrieren sich dagegen weiterhin auf Roséwein.

**Geographische Lage:**

- Das Vorgebirge: im Nordosten von Navarra.
- Das Gebiet um Estella: im westlichen mittleren Teil von Navarra, entlang dem Jakobsweg gelegen.
- Valdizarbe: im mittleren Teil von Navarra. Ein Knotenpunkt des Jakobswegs.
- Ribera Alta: das Gebiet um Olite im mittleren Teil von Navarra und am Rand der südlichen Zone.
- Ribera Baja: im Süden der Provinz; hier wird der Weinanbau am extensivsten betrieben.

**Weißweine:** Für Weißwein werden die Rebsorten Viura, Malvasier, Chardonnay und Muskateller verwendet. Erzeugt werden junge Weißweine. Chardonnay-Weine werden auch in Fässern ausgebaut. Die süßen Weißweine keltert man dagegen mit Muskatellertrauben mit mittelgroßen Kernen. Diese Rebsorte ist gerade dabei, sich wieder zu erholen. Es entstehen schmackhafte und frische Weine.

**Roséweine:** Die meisten dieser Weine werden auf der Grundlage von Garnacha, Tempranillo oder Cabernet Sauvignon erzeugt. Ihre Farbe ist himbeerrot und sie schmecken frisch und fruchtig.

**Rotweine:** Sie werden aus rotem Garnacha, Tempranillo, Graciano, Mazuelo, Cabernet Sauvignon und Merlot erzeugt. Die Weine aus der nördlichen Zone mit Tempranillo-Trauben sind frischer; sie enthalten mehr Säure und haben ein Aroma, das an rote Früchte erinnert. Im Süden werden mit der Rebsorte Garnacha vollmundigere und weichere Weine ausgebaut, die das Aroma reifer schwarzer Früchte haben. Daneben gibt es Rotweine, erzeugt mit den Rebsorten Cabernet Sauvignon und Merlot.

# DIE REZEPTE

## *Alubias pochas de Sangüesa*
## Pochas-Bohnen aus Sangüesa

**ZUTATEN FÜR 6 PERSONEN**

1 kg frische Pochas-Bohnen aus Sangüesa, ersatzweise Flageoletbohnen oder zarte, junge Dicke Bohnen, enthülst
2 mittelgroße Zwiebeln
4 grüne Paprika
1 Mohrrübe
2 frische Tomaten
2 Knoblauchzehen
250 g Kalbskeule
1 Stück Schinken oder Speck (nach Belieben)
1 kleine Tasse Olivenöl
Salz

◆ Zwiebeln, Paprika, Mohrrübe und Tomaten in kleine Stücke schneiden. Bohnen, zerkleinertes Gemüse und die ganzen Knoblauchzehen in einen Schmortopf geben. Mit kaltem Wasser aufgießen und bei geschlossenem Deckel fünfundzwanzig Minuten auf niedriger Hitze köcheln lassen. Nach Ablauf dieser Zeit die Kalbskeule und, falls verwendet, den Schinken dazugeben. Beim Aufkochen Öl und Salz hineingeben. Sobald die Bohnen gar sind, mit Salz abschmecken und alles ein wenig ziehen lassen, dann servieren.

*Die Pochas-Bohnen von Sangüesa gehören zu den Spezialitäten von Navarra und sind äußerst beliebt. Dieses Gericht wird noch schmackhafter, wenn man es einen Tag im Voraus zubereitet.*

# *Cochifrito*
# Gekochtes und Gebratenes

**ZUTATEN FÜR 4 PERSONEN**

1 kg Lamm (Kotelettes, Keule)
150 g Butter
2 Zwiebeln, klein geschnitten
10 g schwarzer Pfeffer, frisch gemahlen
2 Knoblauchzehen, zerdrückt
2 EL fein gehackte Petersilie
Saft von 2 Zitronen
2 EL Paprikapulver
Salz

◆ Das Lammfleisch gründlich säubern und in kleine Stücke zerteilen. Die Butter in einem Schmortopf langsam erhitzen. Sobald sie geschmolzen ist, Lamm und Zwiebel hineingeben.

◆ Das Fleisch salzen und den Schmortopf zudecken. Das Fleisch gelegentlich wenden, damit es gleichmäßig bräunt. Knoblauch, Petersilie, Paprika, Pfeffer und Zitronensaft dazugeben.

◆ Im zugedeckten Schmortopf auf niedriger Hitze köcheln lassen, bis das Lamm gar ist. Gelegentlich wenden, damit es nicht am Boden haftet.

*Lamm, das in Navarra den Beinamen „de tres madres“ (von drei Müttern) trägt, wird seit uralten Zeiten nach diesem „cochifrito“-Rezept zubereitet.*

# *Lomo de liebre a la Navarra*
# Hasenrücken nach Navarra-Art

**ZUTATEN FÜR 4 PERSONEN**

1 Hasenrücken

**Rotweinmarinade:**
100 g Mohrrüben
100 g Zwiebeln
3 Knoblauchzehen
2 Schalotten
1 kleines Stück Sellerie
3 Zweige Petersilie
6 schwarze Pfefferkörner
2 Nelken
1 l Rotwein
½ l Weinessig
¼ l Olivenöl

**Champignonfüllung:**
250 g Zwiebeln, klein geschnitten
4 zerdrückte Knoblauchzehen
50 g Schweineschmalz
½ TL Mehl
1 Tasse (200 ml) Kalbsbrühe
1 Prise Thymian
½ Lorbeerblatt

10 große Champignons (nur die Hüte)
Salz und frisch gemahlener Pfeffer
Butter

**MARINIEREN DES HASENRÜCKENS**

Sechs Stunden im Voraus den Hasenrücken in kleine Stücke zerteilen und mit Salz und Pfeffer würzen. Für die Marinade alle Gemüse in Stücke schneiden und mit den übrigen Marinadezutaten mischen. Das Hasenfleisch in einer Schüssel mit der Marinade bedecken. Sechs Stunden an einen kühlen Platz stellen und während dieser Zeit das Fleisch in der Marinade häufig wenden. Die Schüssel mit einem sauberen Tuch abdecken.

◆ Nach sechs Stunden das Fleisch und die festen Zutaten aus der Marinade heben.

◆ Alles auf ein Backblech geben und im vorgeheizten Ofen bei großer Hitze braten.

◆ Unterdessen für die Champignonfüllung in einer Pfanne bei niedriger Hitze die sehr fein geschnittenen Zwiebeln und die Knoblauchzehen im Schweineschmalz dünsten. Sobald die Zwiebeln leicht gebräunt sind, das Mehl einrühren, alles gut vermischen und behutsam die Kalbsbrühe unterrühren. Thymian und Lorbeerblatt dazugeben und, wenn nötig, mit Salz abschmecken. Alles köcheln lassen und die Salsa, sobald sie gar ist, durch ein Sieb streichen und zurück auf das Feuer stellen, bis ein dickes Püree entstanden ist, mit dem die Champignonhüte gefüllt werden.

◆ Inzwischen die Champignonhüte backen: Die Pilze säubern und die Füße abschneiden. Die Champignonhüte mit ein wenig flüssiger Butter bestreichen und mit Salz und etwas zerdrücktem Knoblauch würzen. Auf ein Backblech legen und im Backofen bei mittlerer Hitze ungefähr fünfzehn Minuten backen. Danach mit dem Zwiebelpüree füllen.

◆ Sobald das Fleisch gar ist, aus dem Backofen nehmen und auf eine vorgewärmte Platte geben. Zudecken und warm stellen.

◆ Das Gemüse, mit dem das Fleisch gebraten wurde, in der Küchenmaschine zerkleinern und dabei den gesamten Saft nutzen, der sich im Backblech befindet. Die so entstandene Sauce mit ein wenig Butter verfeinern.

◆ Zum Servieren das Fleisch in die Mitte der Platte geben und außen herum die gefüllten Champignonhüte verteilen. Die Bratensauce getrennt in einer Sauciere servieren.

*Dionisio Pérez stellt wiederholt fest, dass zahlreiche Gerichte der Küche von Navarra mit der ausdrücklichen Zustimmung großer Meister der französischen Küche wie Escoffier von der französischen Küche übernommen wurden. Dazu merkt dieser an: „In ihrer Küche [er bezieht sich auf die von Navarra] macht sich der Einfluss der aragonischen Küche sehr viel stärker bemerkbar als der der baskischen oder der aus La Rioja. Aber hier spielt sich etwas Eigenartiges ab: Wegen alter Geschichten [eine der wichtigsten davon war der Jakobsweg] steht Navarra näher bei Frankreich und hat somit als Brücke gedient, über die spanische Gerichte in die französische Küche gelangt sind." Und daher kennt man dank Escoffier die folgenden Gerichte in ganz Europa: „rabie de lièvre à la navarraise" (Hasenrücken nach Navarra-Art) und „côtelettes d'agneau à la navarraise" (Lammkoteletts nach Navarra-Art).*

## *Menestra de verduras*
# Gemüseeintopf

**ZUTATEN FÜR 4 PERSONEN**

4 Artischocken
8 kleine Kartoffeln
350 g frische Dicke Bohnen, enthülst
350 g frische Erbsen, enthülst
250 g frische grüne Bohnen
1 Bund frischer weißer Spargel

1 Zwiebel
1 Knoblauchzehe
1 Mohrrübe
4 Scheiben Bauchspeck
50 g luftgetrockneter Schinken
1 kleines Glas Olivenöl
Salz

◆ Die Artischocken putzen und eine halbe Stunde kochen. Die Kartoffeln in Salzwasser gar kochen und schälen. Die grünen Bohnen säubern und in gleich große Stücke schneiden. Die weißen Bohnen weich kochen.

◆ Die Spargel säubern und in zwei oder drei Stücke schneiden.

◆ Das Olivenöl in einen Schmortopf geben und die klein geschnittene Zwiebel, zerdrückte Knoblauchzehe, geschabte und in kleine Würfel geschnittene Mohrrübe, in kleine Stücke geschnittenen Bauchspeck und auch den in unregelmäßige Stücke geschnittenen Schinken dazugeben. Alles auf niedriger Hitze dünsten, bis die Zwiebel glasig wird. Artischocken und grüne Bohnen dazugeben, mit einem halben Liter Wasser aufgießen und kochen, bis Bohnen und Artischocken gar sind. Die restlichen Gemüse und die bereits gekochten und geschälten Kartoffeln dazugeben.

# *Perdrices en chocolate*
# Rebhühner in Schokolade

**ZUTATEN FÜR 4 PERSONEN**

4 Rebhühner
1/4 l Olivenöl
1/8 l Weinessig
1/8 l trockener Weißwein
2 Zwiebeln, fein geschnitten
3 Knoblauchzehen, zerdrückt
4 Mohrrüben, geschabt und in Scheiben geschnitten
2 Petersiliezweige
4 schwarze Pfefferkörner
24 ganze kleine Speisezwiebeln
4 Brotschnitten vom Tag davor
250 g bittere Schokolade oder Kouvertüre mit sehr hohem Kakaoanteil
Salz

◆ Die Rebhühner innen und außen gründlich säubern, ihre Leber aufheben.

◆ Die Rebhühner mit Küchengarn zunähen und in einen Schmortopf geben. Öl, Essig, Wein, fein geschnittene Zwiebeln, Knoblauchzehen, Mohrrüben, Petersilie, Salz und ganze Pfefferkörner dazugeben und mit genügend Wasser auffüllen, dass die Hühner davon bedeckt sind.

◆ Den Schmortopf zudecken und die Rebhühner köcheln lassen, bis sie gar sind.

◆ Aus dem Schmortopf heben und beiseite stellen.

◆ Die Sauce, in der die Hühner gekocht wurden, durch ein Sieb streichen und zurück in den Schmortopf geben. Die kleinen ganzen Speisezwiebeln, die gebratenen und zerdrückten Lebern und die Schokolade dazugeben. Auf niedriger Hitze köcheln lassen, bis die Zwiebeln gar sind. Wenige Minuten vorher die Rebhühner zurück in den Schmortopf mit der Sauce geben. Die Brotscheiben rösten. (Sie sollten groß genug sein, damit die Rebhühner darauf passen.)

◆ Zum Servieren die gerösteten Brotscheiben in der Mitte einer großen Platte verteilen. Auf jede kommt ein Rebhuhn, nachdem zuvor das Küchengarn entfernt wurde. Darüber die Sauce schöpfen und die kleinen Zwiebeln außen herum verteilen.

*Wie Dionisio Pérez berichtet, kam dieses Gericht anlässlich gehobener Mahlzeiten in der Ribera von Navarra auf den Tisch. Ebenso heißt es, es sei einer weit gereisten Köchin zu verdanken, dass die marinierten oder geschmorten Rebhühner mit ein paar Unzen Schokolade verfeinert werde. Sie bereicherte die Küche von Navarrra nach einem Aufenthalt in Süd- oder Mittelamerika um diesen so originellen und leckeren Brauch.*

## *Sopa cana*
# Zimtsuppe

**ZUTATEN FÜR 4 PERSONEN**

16 Scheiben weißes Landbrot
100 g Butter oder Schmalz vom Kapaun oder Hahn
1 l Milch
100 g Zucker
Gemahlener Zimt

◆ Die Brotscheiben sehr leicht toasten und damit den Boden einer großen Suppenschüssel auslegen.

◆ Butter oder Schmalz in einen Schmortopf geben und bei mittlerer Hitze schmelzen.

◆ Milch und Zucker dazugeben und bei mittlerer Hitze erwärmen, bis sich der Zucker auflöst, und fünf Minuten köcheln lassen.

◆ Die Mischung über die Brotschnitten schöpfen und die Suppe bei geschlossenem Deckel zehn Minuten ziehen lassen.

◆ Vor dem Servieren mit Zimt bestreuen.

**Felder in La Rioja**
*Wer La Rioja sagt, meint Wein, das Getränk, das gewöhnlich Pilgern gereicht wurde, um ihren Durst zu stillen, um sie zu wärmen und zu erfreuen und um ihre Müdigkeit zu vertreiben. Er sollte Körper und Geist erfrischen.*

# La Rioja

*... Logroño, Villaroya, die Stadt Nájera, Santo Domingo ...*

(Codex Calixtinus)

HEUTE VERLÄUFT DER JAKOBSWEG DURCH:

Logroño
Navarrete
Nájera (Abstecher nach Berceo und San Millán de la Cogolla)
Santo Domingo de la Calzada
Grañón

Die Bedeutung des Ebro als Grenzfluss kommt in den Äußerungen sowohl aller Pilgerführer als auch der Pilger zum Ausdruck. So sagt zum Beispiel der Pilger Künig, komme man nach Logroño, „dann ist diese die erste Stadt in Spanien; hier wird man eine andere Währung kennen lernen: Es ist Schluss mit den *coronados* [in Navarra gültige Währung], stattdessen muss man lernen mit den *malmedi* [den Maravedi] zurechtzukommen." Wie andere Städte auch, entstand und wuchs diese Stadt dank des Pilgerwegs. Im 11. Jahrhundert wurde auf Veranlassung von Juan de Ortega eine Steinbrücke mit zwölf Bögen und zwei Türmen über den Ebro gebaut. Diese Brücke gibt es heute nicht mehr, denn sie wurde Ende des vergangenen Jahrhunderts durch eine andere, ebenfalls aus Stein, ersetzt.

In Logroño empfiehlt sich eine Besichtigung der Kirche *Santiago la Real* und der Kathedrale *Santa María la Redonda* sowie der Kirchen *San Bartolomé* und *Santa María del Palacio*. Interessant ist auch das Museum im Palast Espartero.

Es geht weiter auf dem Jakobsweg bis nach Navarrete. Das bemerkenswerteste Bauwerk hier ist die *Iglesia de la Asunción* (Auferstehungskirche). Das Triptychon dort wird Rembrandt oder seinem Schüler Ysenbrandt zugeschrieben. Es heißt, alle Pilger, die diese Kirche aufsuchten, erhielten vier Jahre Ablass.

Der nächste Halt ist in Nájera. Hier befand sich der Hof der Könige von Navarra; überdies war es einst die erste Stadt Kastiliens. Wahrscheinlich nahm der Weinanbau im Mittelalter hier seinen Anfang. Die Stadt entstand und blühte dank des Pilgerwegs. Die Brücke über den Fluss Najerilla wurde Mitte des 12. Jahrhunderts von Juan de Ortega gebaut. Es gab mehrere Hospize, in denen die Pilger mit Essen, Trinken und einem Bett versorgt wurden. Gemäß dem Pilger Künig sind „die Bewohner von Nájera Spaßvögel. Die Frauen im Hospiz machen sehr viel Lärm um die Pilger, aber die Rationen sind gut."

Das Kloster *Santa María la Real* wurde Mitte des 11. Jahrhunderts von García el de Nájera gegründet, der Nájera zur Hauptstadt seines Reiches machte und den Terraza-Orden ins Leben rief. Anfangs lebten im Kloster Benediktinermönche von Cluny, die es auch leiteten. Seit der Säkularisierung wird es von Franziskanern bewohnt. Im Kloster selbst darf ein Besuch des *claustro de los Caballeros* (Kreuzgang der Ritter), der als einer der schönsten am Pilgerweg gilt, und des großartigen Grabes von Doña Blanca de Navarra keinesfalls versäumt werden.

Danach empfiehlt sich ein Gang durch das Dorf, bei dem man seine mit Wappen geschmückten Häuser bewundern kann, bevor man Nájera verlässt. Auf dem Weg nach Santo Domingo de la Calzada weist nach wenigen Kilometern eine Abzweigung nach Berceo und San Millán de la Cogolla mit den Klöstern Suso und Yuso.

Im 6. Jahrhundert beschloss der heilige Millán oder Emiliano, sich in San Millán de la Cogolla als Einsiedler niederzulassen. Er zog sich in eine Höhle zurück, um die herum er ein Frauen- und ein Männerkloster gründete. Unter den Bewohnerinnen des Frauenklosters Suso sticht die heilige Oria hervor, die ihr ganzes Leben in der Einsiedelei verbrachte.

Das Kloster bestand aus mehreren, in den Fels gehauenen Höhlen, die in zwei Stockwerken übereinander lagen und über einen Schacht und zwei angrenzende Kapellen miteinander verbunden waren. Sancho Garcés I. von Pamplona erweiterte und verschönerte das Kloster, das 984 als Kirche geweiht wurde. Heute beherbergt es in einer seiner Höhlen das Grab des Heiligen. Das Kunstwerk aus Alabaster aus dem 13. Jahrhundert zeigt einen liegenden heiligen Millán. Im Schreibzimmer des Klosters wurde im 11. Jahrhundert der *Codex Aemilanensis* verfasst, der die ersten Wörter in den Umgangssprachen Spanisch und Baskisch enthält. Im 13. Jahrhundert schrieb Gonzalo de Berceo seine Ritterromanze in den ersten gereimten spanischen Versen nieder.

Das nur wenige Kilometer von Suso entfernte Kloster Yuso beherbergt eine Sammlung von Codices und alten Dokumenten von unschätzbarem Wert.

Wieder auf dem Pilgerweg zurück, geht es nun weiter durch Azofra (ein arabischer Name, der unbezahlte Zwangsarbeit bedeutet) zu dem für den Jakobsweg typischen Dorf: Santo Domingo de la Calzada. Es lohnt, einen kurzen Einblick in das Leben des Heiligen zu geben: Er kam in Viloria de la Rioja (Burgos) auf die Welt. Es war sein Wunsch, Mönch zu werden; deshalb klopfte er an die Tore der Klöster Valvenera und San Millán de la Cogolla, aber sie nahmen ihn „wegen seiner Unwissenheit" nicht auf. Daraufhin entschloss er sich zu einem Leben als Einsiedler in den Bergen am Fluss Oja. Dort lernte er Gregorio Ostense kennen, der ihn sein Wissen lehrte.

An einem Platz namens La Hayuela fällte er, nur mit einer Sichel ausgerüstet, Bäume, säuberte die Wege von Gestrüpp und baute den gepflasterten Jakobsweg. Er nahm Juan de Ortega als Schüler auf, später einer derjenigen, die den Pilgerweg weiterbauten und förderten. Er errichtete die Brücke über die Oja, die später von Juan de Ortega neu aufgebaut wurde, und ein Hospiz, um das er sich persönlich kümmerte.

Im Jahr 1090 beauftragte Alfons VI. Domingo de la Calzada mit dem Bau aller Brücken von Logroño bis Compostela. Dieser Aufgabe widmete er sich, unterstützt von seinem Freund Juan de Ortega, insgesamt acht Jahre lang. 1102 war er mit dem Bau seines eigenen Grabes beschäftigt. Er legte es draußen vor die Kirche, damit die Dorfbewohner gezwungen sein würden, die Kirche zu erweitern, um seine sterblichen Überreste unter ihr Dach zu bringen. Wegen seiner Fähigkeiten als Baumeister gilt er in Spanien als Schirmherr aller öffentlichen Bauten.

**Plaza Mayor in Logroño**

*Wie so viele andere wuchs die Stadt Logroño im Licht und im Schatten des Jakobswegs und seiner Brücke, die auf Veranlassung des heiligen Juan de Ortega im 12. Jahrhundert gebaut wurde.*

**Castillo de Clavijo**
*In dieser schroffen Landschaft fand die Schlacht von Clavijo statt, bei der sich Jakobus, auf dem Rücken seines weißen Pferdes, den Truppen von Ramiro I. in ihrem gemeinsamen Kampf gegen Abd ar-Rahman II. anschloss.*

**Navarrete**
*In diesem noch immer mittelalterlich anmutenden Städtchen sind die Fassaden vieler Häuser mit Wappen geziert.*

**Das Kloster Santa María la Real in Nájera**

*Anfangs war es dem Benediktinerorden anvertraut, danach wurde es an die Kluniazenser abgetreten und gegenwärtig wohnen hier Kapuziner.*

**Santo Domingo de la Calzada**

*wurde 1044 von dem Heiligen gegründet, dem es seinen Namen verdankt. Dieses Dorf ist wie nur wenige andere ganz besonders eng mit dem Jakobsweg verbunden. Das ehemalige Hospiz dient heute als ein Parador des Fremdenverkehrsamtes, also als ein Hotel der gehobenen Klasse.*

Picaud erwähnt den Heiligen in seinem Führer:

*In Spanien muss man das Grab des heiligen Domingo, eines Beichtvaters, aufsuchen. Er baute die Pflasterstraße, an der er jetzt ruht, zwischen der Stadt Nájera und Redecilla del Camino sowie die Brücke über die Oja. Sein Name ist eng verbunden mit dem Wunder des zum Leben auferweckten Huhnes und Hahnes; Santo Domingo de la Calzada, wo der Hahn krähte, obwohl er schon gebraten war.*

In Santo Domingo de la Calzada sollte man der Kathedrale und der Krypta unbedingt einen Besuch abstatten, denn dort befindet sich das Grab des Heiligen Domingo: Ein Sarkophag enthält seine sterblichen Überreste.

Über der Krypta erhebt sich ein Pavillon, ein Werk von Virgany aus dem Jahr 1513, an dessen Wänden Darstellungen mit Szenen aus dem Leben des Heiligen und das Wunder des Gehenkten zu se-hen sind. In das Gitter rund um das Grabmal ist die alte Sichel eingelassen, die dem heiligen Baumeister als Werkzeug diente.

Gegenüber vom Grab steht der berühmte Hühnerstall mit einem Huhn und einem Hahn. Diese beiden lebenden Tiere erinnern an das Wunder des Gehenkten. Das Geflügel wird jede Woche ausgetauscht. Gemäß der Sage stieg ein deutsches Ehepaar mit seinem Sohn in einem Gasthaus in Santo Domingo de la Calzada ab. Das Mädchen des Gastwirts verliebte sich in den jungen Mann und wollte ihn heiraten, er aber wies sie zurück. Aus Rache versteckte sie in der Nacht vor seiner Abreise eine Silbertasse in seinem Rucksack. Am Tag darauf wurde die deutsche Familie unterwegs von der Justiz eingeholt. Man klagte den jungen Mann des Raubes an und verurteilte ihn zum Tod durch Erhängen. Die Eltern setzten ihre Reise nach Santiago fort. Auf dem Rückweg kamen sie erneut durch Santo Domingo. Dort fanden sie ihren Sohn zwar aufgehängt, aber lebendig vor. Sie glaubten, hier habe der Apostel eingegriffen und liefen zum Richter, um ihm von dem Wunder zu berichten. Der Richter saß am Tisch, vor sich ein gebratenes Hähnchen und ein gebratenes Hühnchen, die er gerade essen wollte. Als er den Bericht des Ehepaares hörte, rief er: „Euer Sohn ist genauso lebendig wie diese Vögel hier auf dem Teller!"

**Der Heilige**
*Domingo de la Calzada ist einer von drei Heiligen, die ihr ganzes Leben in den Dienst des Jakobswegs und seiner Pilger stellten.*

**Der Hühnerstall**
*Eine der bekanntesten Sagen über den Jakobsweg ist greifbar anhand dieses Hühnerstalls in der Kathdrale, der stets von einem Hahn und einer Henne bevölkert wird. Jede Woche wird das Federvieh gegen ein neues Paar ausgetauscht.*

**Das Kloster Suso, auch genannt „das obere Kloster“**
*Es ist ein mozarabischer Bau aus dem 10. Jahrhundert, der teilweise in den Fels gehauen wurde. Die Klöster Yuso und Suso sind anerkannte Stätten des Weltkulturerbes.*

**San Millán von Yuso, auch genannt „das untere Kloster"**
*San Millán wurde im Jahr 473 in Berceo geboren. Er war ein Priester, der als Einsiedler lebte und zahlreiche Wunder vollbrachte. Er liegt im Kloster Suso (was auf Altspanisch oben bedeutet) begraben.*

In diesem Augenblick sprangen Huhn und Hahn vom Teller und gackerten und krähten. Zur Strafe für seine Ungläubigkeit trugen die Richter in Santo Domingo de la Calzada viele Jahre einen Strick um den Hals, der später durch ein rotes Band ersetzt wurde. Außerdem wurden sie dazu verpflichtet, jeden Tag einen Pilger zu verköstigen.

Unter den Pilgern ist seither der Glaube verbreitet, es sei ein gutes Zeichen, den Hahn krähen zu hören, während man ihn sieht. Französische Pilger hielten es für ein gutes Zeichen, in den Besitz einer Feder der Tiere zu gelangen. Sie legten Brotkrumen auf die herabgefallene Federspitze und hielten sie ihnen hin. Pickten die Vögel die Brotkrumen auf, war das ein Hinweis dafür, dass die Pilger wohlbehalten in Compostela eintreffen würden.

Seit mehreren Jahren findet hier ein mittelalterlicher Jakobsmarkt statt. Er geht zurück auf eine Tradition aus dem 13. Jahrhundert, als Alfons X., der Weise, zusätzlich zu den königlichen Sonderrechten die Dorfbewohner von der Zahlung der Torsteuer befreite und ihnen das Recht zum Abhalten des Jahrmarkts einräumte.

Hat der Pilger Santo Domingo de la Calzada verlassen, überquert er die Brücke über die Oja und kommt nach Grañón. Früher umgab eine Mauer die Stadt. Sie besaß eine bedeutende Burg sowie zwei Klöster und ein Pilgerhospiz. Von hier breitet sich vor den Augen des Wanderers Kastilien aus.

## Die Küche

La Rioja besteht aus zwei sehr gegensätzlichen geographischen Zonen: dem Gebiet, durch das die Oja fließt, mit seiner Fülle von Gemüse- und Weingärten und dem Bergland mit der Tierra de Cameros und der Sierra de la Demanda, das unwegsam und steil ist. In diesen Bergen entspringen Flüsse, die ihrerseits sieben Täler bilden.

Gastronomisch kann man von drei Unterregionen sprechen: Rioja Alta weist Einflüsse aus dem Norden ebenso wie aus Burgos auf; Rioja Baja mit seinem üppigen Gemüseanbau steht unter dem Einfluss von Aragón und der Ribera von Navarra. Für die Berggebiete der Sierra de la Demanda und der Tierra de Cameros sind Hirtengerichte sowie Produkte der Schweine- und Wollschafzucht typisch.

Sowohl in den Dörfern als auch in der Hauptstadt kehrt man oft und gerne für einen Aperitif oder einen Imbiss in die Kneipen und Bars ein. In beiden

**Knoblauch und Choricero-Paprika**
*Wie der Knoblauch in der Küche der gesamten spanischen Halbinsel allgegenwärtig ist, gehören die „choricero"-Paprika einfach in die Landschaft von La Rioja.*

gibt es ungemein appetitliche Tapas. Heraus-ragend sind *encurtidos* (Mixed Pickles aus Essiggur-ken, kleinen Zwiebeln, Oliven, Mohrrüben, Blumenkohl ...), Wurst, eingelegte Oliven, Sardinen mit Chilis, Essiggurken mit Anchovis, gesalzene Heringe oder *morros* (ein Stück vom Schwein, in sehr kleine Häppchen zerteilt und in sehr heißem Öl gebraten, bis es kross ist) und Rühreier mit Paprika auf gebratenem Brot, bestrichen mit dem ersten aus der Ölpresse gewonnenen Öl und danach mit Knoblauch eingerieben. Selbstverständlich trinkt man zu diesen Appetithappen stets ein Glas Rioja-Rotwein.

Nach dem Aperitif muss man sich natürlich an den Tisch setzen. Und gibt es etwas Besseres, als mit einer Suppe zu beginnen? Die Knoblauchsuppe wird mit getrockneten roten Paprika, frischen Tomaten und geschlagenen Eiern zubereitet. In die Cameros-Suppe kommen dagegen Paprikawurst, Schinken, Speck, zartes Fleisch, getrocknete rote Paprika und pochierte Eier. Die Schneckensuppe besteht aus Brotscheiben, Knoblauchzehen, luftgetrockneten *Choricero*-Paprika, Tomaten und Bergschnecken.

Gleichermaßen lecker sind auch die Gerichte mit Hülsenfrüchten. Die *pochas* oder weichen weißen Bohnen, deren Hauptsaison mit dem Ende des Sommers zusammenfällt, haben einen geradezu exquisit lieblichen Geschmack. Sie werden entweder allein geschmort oder zusammen mit Wachtel, in *Fritada*-Sauce, mit Rippchen oder Schweineschwanz. Sind die Bohnen rot, nennt man sie *pochos*. Die *caparrones* oder getrockneten roten Bohnen sind typisch für La Rioja. Ihre Zubereitung ist einfach: Sie werden in einer Mischung aus gerösteten Zwiebeln und Paprika oder mit Kohl oder *tropiezos* (bestehend aus Schinken und Wurst sowie Schweinefuß, -ohr und -schwanz) gekocht.

Die Hülsenfrüchte kommen im Allgemeinen roh mit Chilis, mit Öl oder Essig angemacht oder auch gebraten, gekocht oder eingesalzen, auf den Tisch. In Nájera werden sie mariniert gegessen, manchmal auch nur mit Salz bestreut.

Aus der Tierra de Cameros, einem Berggebiet, stammen die *migas de pastor* (Hirtenbrösel), ein typisches Hirtengericht. Es wird mit Öl, Knoblauch,

Speck, Paprika und natürlich mit altem Brot zubereitet. Gelegentlich gibt es dazu Trauben, Paprikawurst, Schinken oder Eier. Ebenfalls aus der Tierra de Cameros stammen die herrlichen Milchpilze, die Fleisch- und Kartoffelgerichte bereichern, zusammen mit Tomate und Paprika oder einfach allein gebraten werden.

Die Gemüse in La Rioja, Borretsch, Kardone, grüne Bohnen, Spargel, Blattsalat, Tomaten, Möhren ... sind alle von allerhöchster Qualität. Kohl ist unverzichtbar als Beilage zu saftigen Gerichten und roten Bohnen. Dank dieser herrlichen, frischen Zutaten aus den heimischen Gemüsegärten gehört der Gemüseeintopf nach Rioja-Art zu den in den höchsten Tönen gelobten Gerichten der ganzen Region. Die Gemüse werden entweder überbacken oder einfach nur gekocht. In Ezcaray bilden am Tag des heiligen Benito die zarten Dicken Bohnen, mit der Hülse oder enthülst das Hauptgericht. An diesem Tag teilt die gleichnamige Laienbruderschaft auch ein Gericht aus Dicken Bohnen aus.

Die Paprika aus La Rioja zeichnen sich durch eine große Vielfalt an Formen, Farben und Größen aus. Man isst sie gebraten, in Essig angemacht oder auch gefüllt mit Fleisch, Klippfisch oder frischem Fisch. Am typischsten sind jedoch die an der Luft getrockneten so genannten *Choricero*-Paprika, die überall auf dem Land an den Häuserfassaden zu sehen sind. Sie verdanken ihren Namen besagtem Trocknen an der frischen Luft, wozu sie ähnlich wie *chorizos* – rote Paprikawurst – aufgereiht werden. Nach dem Trocknen bewahrt man sie im Haus auf.

Wenn Eier auch keine Spezialität der Küche in La Rioja sind, gibt es dort dennoch eine besondere Form der Zubereitung: Garen in der Glut von Rebholz, wo sie mit Asche abgedeckt werden. Sobald sie zu schwitzen beginnen (daran zu erkennen, dass an der Schale außen ein paar Tropfen austreten), nimmt man sie heraus, schlägt ein Stück Schale ab, bestreut sie mit Salz und isst sie mit einem Teelöffel wie in Wasser weich gekochte Eier.

Gekochte, geschälte Eier und rote Paprikawurst umhüllt man mit einer Brotmasse und bäckt daraus so genannte *bodigos* oder *culecas*, „Opferbrötchen", die bei Festen oder zur Kirchweih gegessen werden. Sie ähneln stark den kastilischen *hornazos*.

Luis Antonio de Vega gibt in seinem *Guía gestronómico de España* (Gastronomischer Führer durch Spanien) eine Anekdote wieder, die viel über die Vorlieben der Bewohner von La Rioja aussagt:

**Frische rote und grüne Paprika**
*Die im ibero-amerikanischen Raum heimischen Paprika kamen mit den spanischen Eroberern nach Spanien. Je nach Größe und Art werden sie zubereitet. Einfach in Öl gebraten und mit Salz gewürzt oder gebacken und danach enthäutet, in Streifen geschnitten und mit Salz, Olivenöl und auch mit zerdrücktem Knoblauch und einigen Tropfen Essig angemacht. Gebraten und in Streifen geschnitten, nimmt man sie zum Garnieren von Fleischgerichten oder isst sie als Salat. Zusammen mit Tomaten schätzt man sie als Beilage, zum Beispiel von Kabeljau. Die mit Fleisch, Meeresfrüchten oder Reis und mit unterschiedlichen Salsas gefüllten Paprika sind ein weiteres Beispiel für die kulinarischen Möglichkeiten dieses Gemüses.*

*Paprika bilden auch eine Grundzutat von „fritada" und „chilindrón", zwei Salsas, die uns wiederholt auf dem gastronomischen Jakobsweg begegnen: in Aragón, in Navarra und in La Rioja. Rote Paprika wie „pimiento morrón", die fleischige Tomatenpaprika oder „pimiento piquillo", die „schnabelförmige" schmale, spitz zulaufende Paprika, werden in großen Mengen und auf viele verschiedene Arten als Konserven eingemacht, die auf dem Markt sehr gefragt sind.*

*In einem Wirtshaus in Logroño nahe der Plaza de Abastos, entdeckte ich Eier in Rotwein. Sie waren pochiert, auf Toastbrot und in einer Weinsauce. Ich war überrascht, solch ein Gericht inmitten eines so klassischen und so seriösen kulinarischen Angebots wie dem in La Rioja zu begegnen. Die Wirtin gestand mir, sie sei mit einem Franzosen verheiratet und jedermann wisse, wie gerne Franzosen sich mit Niedlichkeiten und Experimenten befassen.*
*Kommt das Gericht bei Ihren Kunden gut an?*
*Nein, mein Herr, überhaupt nicht. Mein Mann kocht nur sechs Eier in Rotwein und fast jeden Sonntag müssen wir sie selbst essen. Die Kunden essen lieber mit roter Paprikawurst oder Schinken gebratene und dazu Wein aus dem Porron oder im Glas.*

Zicklein und Lamm sind sehr beliebt und werden über Rebholzglut gebraten. Lammrippchen in einer Béchamelsauce, paniert in einem geschlagenen Ei und Semmelbröseln und dann gebraten, das ist durchaus etwas Besonderes. Auch die *chuletitas de cordero al sarmiento* (kleine Lammrippchen in Rebholzglut) gelten als ein leckeres Gericht aus La Rioja.

## *Besugo a la riojana*
# Zahnbrasse nach Rioja-Art

**ZUTATEN FÜR 4 PERSONEN**

1 Zahnbrasse (etwa 1,8 kg)
3 rote getrocknete Choricero-Paprika oder andere mittelscharfe getrocknete rote Paprika
2 Petersilienzweige, gehackt
3 Knoblauchzehen, zerdrückt
Mehl
Olivenöl zum Braten
Salz

◆ Die Paprika in lauwarmem Wasser einweichen.

◆ Die Zahnbrasse innen und außen gut säubern und die Schuppen entfernen.

◆ Den Fisch in dicke Scheiben zerteilen, mit Salz bestreuen, in Mehl wälzen und auf beiden Seiten anbraten. In eine feuerfeste Form geben.

◆ In das vom Anbraten der Zahnbrasse verbliebene Öl zwei Teelöffel Mehl, die gehackte Petersilie und die zerdrückten Knoblauchzehen geben. Schnell mit einem Holzlöffel verrühren und diese Salsa über den Fisch geben.

◆ Von den Choricero-Paprika Stielansatz und Kerne mit Scheidewänden entfernen, die Paprika in Streifen schneiden und in die Form zum Fisch geben.

◆ Den Fisch auf niedriger Hitze köcheln lassen, die Form häufig hin- und herbewegen, bis die Salsa dick geworden ist. Das nimmt ungefähr zwanzig Minuten in Anspruch. Zum Schluss die Salsa mit Salz abschmecken.

*In Logroño wird die Zahnbrasse so, wie hier beschrieben, vor allem für den Weihnachtsabend zubereitet. Auch in anderen Gegenden Spaniens ist Zahnbrasse ein beliebter Fisch für das abendliche Weihnachtsessen.*

# *Caparrones con tropiezos*
# Rote Bohnen mit Chorizo

**ZUTATEN FÜR 4 PERSONEN**

½ kg getrocknete rote Bohnen
250 g *chorizo* oder andere rote Paprikawurst
1 Schweinefuß
1 Schweinsohr
1 Schweineschwanz
250 g Schweinerippen
Salz

◆ Am Vorabend die Bohnen in einem Topf mit kaltem Wasser einweichen. Am Tag darauf das Wasser abgießen und frisches Wasser auffüllen, bis die Bohnen damit bedeckt sind. Zum Kochen aufstellen und sobald das Wasser zu kochen beginnt, alle übrigen Zutaten dazugeben.

◆ Auf mittlerer Hitze köcheln lassen, bis alle Zutaten gar sind.

◆ Darauf achten, dass das Gericht nicht ohne Wasser ist und, sooft nötig, etwas kaltes Wasser nachfüllen. Übrigens: wenn wiederholt kaltes Wasser dazukommt, werden die Bohnen „abgeschreckt", sodass sie nicht zerfallen.

◆ Zum Schluss, falls nötig, mit Salz abschmecken.

◆ Als Erstes serviert man die Bohnen mit der gesamten Brühe und stellt einen Teller mit eingelegten *guindillas* (kleine runde rote Chilis) dazu.

◆ Fleisch und Wurst werden als zweiter Gang in einer feuerfesten Form, mit einer *fritada** darüber, serviert.

*Dazu kann man einige getoastete und mit Knoblauch eingeriebene Scheiben Brot reichen.*

*In La Rioja ist es allgemein üblich, Gemüsegerichte mit „guindillas" zu essen. Sie kommen dann in einem Extrateller auf den Tisch, damit jeder soviel davon nehmen kann, wie er möchte. In Öl und Essig eingemachte „guindillas" sind in La Rioja und Navarra weit verbreitet.*

* **Fritada:** In einer Pfanne eine kleine Tasse Olivenöl nur leicht erhitzen und darin ein halbes Kilo sehr klein geschnittene Zwiebeln und zwei zerdrückte Knoblauchzehen sanft andünsten. Mit Salz abschmecken. Sobald die Zwiebeln sehr weich sind, in Stücke geschnittene grüne Paprika dazugeben. Zum Schluss wird ein halbes Kilo enthäutete und in sehr kleine Stücke geschnittene Tomaten dazugegeben. Auf niedriger Hitze köcheln lassen, bis die Salsa ohne eine Spur Wasser in ihrem eigenen Saft schmort.

*Cardos con almendras y piñones*

# Karden mit Mandeln und Pinienkernen

**ZUTATEN FÜR 4 PERSONEN**

1 kg Kardenstauden
3 Knoblauchzehen
1 TL Mehl
12 Mandeln, enthäutet
50 g Pinienkerne
1 Petersilienzweig
1 Tasse Olivenöl
Salz

◆ Das Stielende der Karden abschneiden, Blattreste und stachlige Ränder entfernen und die harten Fäden abziehen. Die Kardenstiele in etwa 3 cm große Stücke schneiden und in eine Schüssel mit kaltem Wasser und dem Saft einer halben Zitrone legen, damit sie nicht schwarz werden. Das Zitronenwasser abtropfen lassen und die Karden mit kaltem Salzwasser zum Kochen aufsetzen. Zehn bis fünfzehn Minuten kochen – sie sollten noch Biss haben – dann abtropfen lassen.

◆ In einem Mörser die zwölf Mandeln zerdrücken und in einem Glas Wasser auflösen (oder im Mixer die Mandeln mit dem Wasser pürieren).

◆ Das Olivenöl in eine Pfanne oder einen Schmortopf geben und die in dünne Scheiben geschnittenen Knoblauchzehen anbraten. Sind die Knoblauchscheiben goldgelb, mit dem Mehl bestäuben und schnell mit einem Holzlöffel rühren, damit sich keine Klumpen bilden. Das Mandelwasser dazugießen und kräftig rühren, bis die Sauce glatt ist. Die Kardenstücke in diese Sauce geben und bei niedriger Hitze einige Minuten köcheln lassen, damit sich die Aromen verbinden. Die ganzen Pinienkerne darüber geben.

◆ Mit Salz abschmecken und vor dem Servieren mit Petersilie bestreuen.

*Obwohl die Karde auf den ersten Blick wie eine einfache Stange mit dicken, harten Blättern aussieht, entpuppt sie sich nach dem Putzen und Kochen als eines der zartesten Gemüse, die es gibt. Da sie im Monat Dezember reif wird, ergibt sie zusammen mit der Zahnbrasse nicht nur in La Rioja, sondern in der gesamten nördlichen Hälfte von Spanien ein leckeres Weihnachtsgericht.*

## *Patatas a la riojana*
# Kartoffeln nach Rioja-Art

**ZUTATEN FÜR 4 PERSONEN**

1 kg Kartoffeln
200 g *chorizo* (ersatzweise andere scharfe rote Paprikawurst)
4 Knoblauchzehen
1 Hand voll gehackte Petersilie
1 kleine Tasse (150 ml) Olivenöl
1 Lorbeerblatt (nach Belieben)
Salz

◆ Die Kartoffeln schälen, unter fließendem kaltem Wasser abspülen und in mittelgroße Stücke teilen. Dabei jedes Stück zuerst anschneiden und dann abbrechen. So bleiben die Kartoffelstücke nach dem Garen ganz.

◆ In einem Schmortopf das Öl leicht erhitzen, drei zerdrückte Knoblauchzehen und die in Stücke geschnittene rote Paprikawurst darin bei niedriger Hitze anbraten. Die Kartoffelstücke dazugeben und mit Wasser auffüllen.

◆ Mit Salz abschmecken und, wenn man möchte, ein Lorbeerblatt dazugeben (nach Belieben, denn nicht jeder mag den Geschmack von Lorbeer; ohne ihn bewahrt das Gericht ganz den *chorizo*-Geschmack).

◆ Die Kartoffeln bei mittlerer Hitze köcheln lassen und nach etwa zehn Minuten (ungefähr die Hälfte der Kochzeit) eine Hand voll Petersilie und eine weitere Knoblauchzehe dazugeben.

◆ Die Kartoffeln vom Feuer nehmen, sobald sie gar sind. Sie sollten vor dem Servieren fünf bis zehn Minuten ruhen. (Diese Pause ist unbedingt nötig.)

*So einfach dieses Gericht auch sein mag, es gehört zu den beliebtesten der riojanischen Küche. Die Bewohner von La Rioja behaupten, man müsse, damit dieses Gericht so richtig schmackhaft wird, „chorizo" aus La Rioja verwenden. Es komme aber auch auf die Güte der Kartoffeln an, denn sie bestimmt, ob die Brühe gut gebunden ist.*

*Pollo en fritada*

# Hähnchen in Paprika-Tomaten-Salsa

**ZUTATEN FÜR 4 PERSONEN**

1 Hähnchen
150 g rote Morrón-Paprika (oder Tomatenpaprika), gebraten und enthäutet (oder fertig aus der Dose)
½ kg Tomaten, enthäutet und in Stücke geschnitten
1 Zwiebel, sehr fein geschnitten
½ Glas Weißwein
2 Knoblauchzehen, zerdrückt
Olivenöl zum Braten
1 Hand voll fein gehackte Petersilie
Salz

◆ Das Hähnchen säubern und in acht Stücke zerteilen. Die Hähnchenstücke salzen, in Mehl wälzen und anbraten. Sind die Stücke goldgelb, herausnehmen und in einem Schmortopf beiseite stellen. Prüfen, ob das Öl, in dem das Hähnchen angebraten wurde, nicht mehr als etwa eine halbe Tasse ergibt (überschüssiges Öl abgießen) und danach die fein geschnittene Zwiebel und die Tomatenstücke dazugeben.

◆ Sind die Tomaten gar, durch ein Sieb passieren, über das Hähnchen im Schmortopf schöpfen und gut mit einem Holzlöffel andrücken. Den Weißwein dazugeben.

◆ In einer zweiten Pfanne in etwas Öl Knoblauch und Paprika kurz anbraten und dann über das Huhn geben.

◆ Den Schmortopf auf niedrige Hitze stellen, zudecken und das Hähnchen schmoren lassen, bis es gar ist. Hin und wieder die Stücke wenden und den Schmortopf bewegen, damit das Gericht nicht anhaftet.

◆ Vor dem Servieren die Salsa mit Salz abschmecken und alles mit der Petersilie bestreuen.

*Die „fritada" ist die klassische Rioja-Salsa. Dieses Gericht kann man auch mit Lamm zubereiten.*

**Felder in Kastilien**

*Dieser Anblick widerlegt die Vorstellung von unfruchtbarem und trockenem Land, die man im Allgemeinen von Kastilien hat.*

# Burgos

*... Redecilla, Belorado, Villafranca-Montes de Oca, Atapuerca, die Stadt Burgos, Tardajos, Hornillos, Castrojeriz, die Brücke von Itero ...*

(Codex Calixtinus)

HEUTE VERLÄUFT DER JAKOBSWEG DURCH:

Redecilla del Camino
Castildelgado (dort kann man einen Abstecher nach Viloria de Rioja machen)
Villamayor del Río
Belorado
Tosantos
Espinosa del Camino
Villafranca-Montes de Oca
Puerto de la Pedraja*
Burgos
Tardajos**

* Von hier kann man die Nationalstraße über Zalduendo – Ibeas de Juarros – Burgos nehmen oder aber der Route San Juan de Ortega – Ages – Atapuerca – Rubena und Burgos folgen.

**In Tardajos verlässt man die Nationalstraße. Einen Besuch lohnen: Rabé de las Calzadas, Hornillos del Camino, Hontanas, Castrojeriz und Itero del Castillo.

Als Picaud in seinem Führer auf das Gebiet von Burgos kommt, gibt er zunächst seine Meinung über Land und Leute kund:

> *...hinter den Montes de Oca setzt sich in Richtung Burgos das spanische Territorium mit Kastilien und Campos fort. Dieses Gebiet ist voll mit Schätzen, Gold und Silber; es ist reich an Tuchen und kräftigen Pferden, mit einem Überfluss an Brot, Wein, Fleisch, Fisch, Milch und Honig. Dennoch fehlt es an Baumbestand und hier wohnen schlechte und lasterhafte Menschen.*

Das erste kastilische Dorf, in das man, nachdem man La Rioja verlassen hat, kommt, heißt Redecilla del Camino und das zweite Castildelgado. An seinem Ausgang trifft man auf den *Pisa Romeros* („Pilgerweg") und die so genannte Jaque-Quelle (der Name kommt von Jac oder Jacques, wie der heilige Jakobus auf Französisch heißt). Einige Kilometer weiter führt ein Abstecher nach Viloria de Rioja, dem Geburtsort des heiligen Domingo de la Calzada.

Folgt man der Straße, gelangt man nach Belorado und hinter Tosantos erreicht man Villafranca-Montes de Oca. Dem Namen *oca,* also „Gans" sowie dem Abbild dieses Vogels begegnet man wiederholt. Er war anscheinend ein Lieblingsmotiv der mittelalterlichen Steinmetze. Es wird sogar vermutet, das beliebte *juego de la oca* (Gänsespiel) mit seiner Folge von Gänsen und Brücken gehe auf den Jakobsweg zurück. Der Zusatz *franca* im Ortsnamen beweist, welchen Einfluss der massive Zustrom von französischen Pilgern gehabt hat. Der Ort verfügte über das Pilgerhospiz *de la Reina* (der Königin), auch San Antonio genannt. Es wurde 1380 gegründet und galt als ein Ort „reich mit Betten, aber arm an Kleidern", in dem, wie der Pilger Künig berichtet, „alle Brüder über eine gute Ration verfügen". In der Pfarrkirche von Villafranca ist der Apostel als ein barfüßiger Pilger, ausgerüstet mit Pilgerstab, Pelerine und einem breitrandigen Hut mit dem Jakobusemblem dargestellt.

Hinter der Brücke von Pedraja beginnt der Aufstieg in die Montes de Oca, eine Gegend, in der die Pilger häufig überfallen und ausgeplündert wurden. Dort ist die Einsiedelei der *Virgen de la Oca* (wörtlich: Jungfrau von der Gans) mit einer Skulptur aus dem 13. Jahrhundert zu sehen und davor die Ruinen der gotischen Kirche von Valdefuentes.

Entschließt sich der Pilger für einen Abstecher nach San Juan de Ortega, gelangt er an einen gastfreundlichen Ort, zugleich ein Markstein auf dem Jakobsweg. Juan de Ortega wurde in Quintanaortuño (Burgos) geboren. Er war Priester in Nájera, wo er seinen späteren Freund und Arbeitsgenossen, Domingo de la Calzada, kennen lernte. Bis zu dessen Tod, 1109, setzte er sich gemeinsam mit ihm unermüdlich für den Aufschwung des Pilgerwegs ein.

Er gründete ein Hospiz in Urtica, das später in Ortega umbenannt wurde. Zur Förderung dieses Hospizes gründete er eine Gemeinschaft gemäß den Regeln des Augustinerordens. Er betreute das Hospiz vorbildlich: „Die Patres sind sehr reich und den Pilgern gegenüber sehr wohltätig." Außerdem baute Juan de Ortega Brücken wie die in Logroño, Nájera und Santo Domingo oder erneuerte sie. Er ließ das Sumpfgebiet zwischen Ages und Atapuerco trockenlegen und entlang seinem Rand eine Pflasterstraße und eine Brücke bauen. Er starb 1163 und hinterließ seinem Hospiz seine sämtlichen Besitztümer. Die Kapelle in Ortega ist ein stiller Ort, der Frieden verströmt. Sie ist vom Mysterium durchdrungen und eine Freude für die Augen. Am 21. September (dem Herbstbeginn) und am 21. März (dem Frühlingsbeginn) fällt bei Sonnenuntergang ein Lichtstrahl durch das Fenster und scheint auf das Kapitell des Allerheiligsten. Dabei beleuchtet er nacheinander die kleinen Skulpturen darin.

Es geht weiter auf dem Pilgerweg nach Ages, Atapuerca, Rubena – dort stand einst ein großes Pilgerhospiz –, Gamonal und Burgos.

Die Pilger, die die Nationalstraße genommen haben, gelangen, wenn sie Villafranca-Montes de Oca hinter sich lassen, nach Ibeas de Juarros und nach Burgos. Die Stadt spielte als Zentrum für den Pilgerweg eine entscheidende Rolle. Im 15. Jahrhundert beherbergte sie nicht weniger als fünfunddreißig Hospize. Im Laufe der Jahrhunderte hat sich das Stadtbild von Burgos stark verändert, aber der Jakobsweg ist immer lebenswichtig geblieben. Man bräuchte schon ein ganzes Buch für sich, wollte man ausführlich darstellen, welche Spuren der Jakobsweg in der Architektur von Burgos hinterlassen hat. Aus diesem Grund seien hier lediglich die wichtigsten erwähnt: die Kirche *San Lesmes y San Gil* mit ihrem bemerkenswert schönen Christus. Gegenüber liegt das *Mesón del Cid* (Haus des Cid). Heute wird dort gute einheimische Küche angeboten, wo sich einst die erste Druckerei von Burgos befand. Ihr Gründer, Fadrique Alemán, der aus Basel stammte, druckte 1485 die *Gramática del Abad de Oña* (Grammatik des Abtes Oña) und 1499 die erste Ausgabe der Tragikkomödie über Calisto und Melibea, *La Celestina.*

Die Kathedrale verdient einen ausgiebigen Rundgang. Hier lernt der Pilger zwei wichtige Persönlichkeiten kennen: Papamoscas, der die Stunde angibt, und seinen kleinen Begleiter, Martinillo, der jede Viertelstunde anzeigt, zwei sehr sympathische Bewohner dieses architektonischen Wunders. Ein weiterer Bewohner, der auf eine über mehrere Jahrhunderte reichende Geschichte zurückblicken kann, ist der Christus von Burgos, auch *Cristo de los Agustinos* (Christus der Augustiner) genannt.

Das Kloster *de las Huelgas Reales* (zur königlichen Ruhe), 1186 auf Befehl von Alfons VIII. erbaut, zählt

**Das Mausoleum von San Juan de Ortega**

*San Juan de Ortega wurde im Jahr 1080 in Quintanaortuño geboren. Er war ein Schüler von Santo Domingo de la Calzada und baute mit ihm die Brücken in Logroño, Santo Domingo und Agés.*

**Bilder in Stein im Kloster San Juan de Ortega**

*Es konnte gar nicht anders sein: In diesem beispielhaften Kloster musste auch der Pilger gedacht werden.*

**Das Taufbecken in Redecilla del Camino**
*Es zeigt eine befestigte Stadt, das „himmlische Jerusalem" und weist mozarabische und byzantinische Einflüsse auf.*

**Die Kathedrale von Burgos**
*Großartig, atemberaubend und beinahe schon erdrückend mit ihren vielen Türmen und Türmchen, die in unzähligen, mit Krabben besetzten Fialen auslaufen.*

zu den mächtigsten religiösen Einrichtungen für Frauen in Spanien. Die ganze Anlage ist ein wahres architektonisches Juwel. Nahe beim Kloster steht das *Hospital del Rey* (Königshospiz), 1195 von Alfons VIII. gegründet. Im 15. Jahrhundert hatten die in diesem Hospiz untergebrachten Pilger jeden Tag Anrecht auf ein Kilo Brot, Hammelfleisch, Gemüseeintopf mit Speck, Fisch oder Eiern, hinzu kamen drei viertel Liter Wein. Der Pilger Künig bestätigt das mit den Worten: „Hier gibt es zu essen und zu trinken, bis man satt ist." Neben dem Kloster liegt der Friedhof *San Amaro*. Geschaffen wurde er von einem Pilger französischer Herkunft mit dem Namen Mauro (daraus wurde später Amaro).

Wer den Jakobsweg mit dem Wagen bereist, hat die Gelegenheit, einen Abstecher nach Santo Domingo de Silos, 58 Kilometer von Burgos, zu machen. Dort kann er das prachtvolle Kloster bewundern, gregorianischem Gesang lauschen und ein exquisites gebratenes Zicklein genießen.

Nur wenig entfernt von Burgos liegt die Zisterzienserabtei *San Pedro de Cardeña*. In der Vergangenheit wurden hier Pilger aufgenommen, denen man mittags Brühe, Eintopf, Brot, Wein und Fleisch servierte. Zum Abendessen gab es Eier oder Tortilla.

Verlässt man Burgos, kommt man durch Tardajos und erreicht Rabé de la Calzada. Diese Strecke muss für die Pilger, nach überlieferten Notizen, sehr mühsam gewesen sein: *„De Tardajos a Rabé libéranos Dómine. Y de Rabé a Tardajos, no le faltaran trabajos."* („Von Tardajos bis Rabé befreie uns, Herr. Und von Rabé nach Tardajos fehlt es nicht an bitterem Los.")

Von Tardajos kann man die Nationalstraße bis Olmillos de Sasamón nehmen. Über diesen Ort wird eine nette Anekdote erzählt. 1391 – als die Verfolgungen von Juden begannen, die anscheinend von Vicente Ferrer gefördert wurden – beschloss Salomon ha-Levy, der Oberrabbiner im Königreich Kastilien, sich zum Christentum zu bekehren. Pedro de Luna ernannte ihn unter dem Namen Pedro de Santa María zum Bischof von Burgos. Als Familienemblem und zum Zeichen seiner Ergebenheit gegenüber der Jungfrau Maria wählte er die Lilie. Er gewährte all jenen Ablass, die auf das Ave Maria, wie folgt, ant-

**Das Kloster de las Huelgas**
*Nach seinem Sieg in der Schlacht von „las Navas de Tolosa" gründete Alfons VIII. Ende des 12. Jahrhunderts das Kloster Santa María la Real de las Huelgas als königliche Gruft und Ort der Muße.*

**Das Hospital del Rey (Königshospiz)**
*Unweit vom Kloster de las Huelgas steht das Hospital del Rey; hier bekamen die Pilger zu essen und zu trinken, bis sie satt waren.*

**Plaza de San Lesmes (Platz des heiligen Lesmes)**
*An diesem Platz steht die Kirche San Lesmes. Sie wurde nach einem französischen Pilger mit dem Namen Lesmes benannt.*

**Santa María del Manzano (Die Jungfrau mit dem Apfel) in Castrojeriz**
*In Inneren der Kirche steht eine Skulptur der farbig gestalteten Jungfrau im gotischen Stil aus dem 13. Jahrhundert.*

worteten: „Heilige Maria, Gottesmutter und Cousine seiner Exzellenz unseres Bischofs, bitte für uns." Die Schlussfolgerung: Er betrachtete die Jungfrau als seine nahe Verwandte!

Von Rabé de la Calzada geht es auf Nebenstraßen nach Hornillos del Camino. Der Kirche vor Ort, *Santa María,* wurde 1360 vom Bischof von Burgos und weiteren vierzehn Prälaten aus Avignon das Vorrecht eingeräumt, den Pilgern bei bestimmten Feierlichkeiten vierzig Tage Ablass zu geben. Der nächste Halt ist in Hontanas. Bevor man in Castrojeriz eintrifft, stößt man auf die Ruinen des Klosters *San Antón.*

Gleich am Anfang von Castrojeriz trifft man auf die Stiftskirche *Nuestra Señora del Manzano* (Unsere Jungfrau vom Apfelbaum). Anscheinend befand sich das Marienbild über einem Apfelbaum. Der Ort, an dem die Stiftskirche steht, wurde vom heiligen Jakobus höchstpersönlich bestimmt, als er eines Tages einen Sprung auf dem Rücken seines weißen Pferdes bis hierher machte. Dort, wo es landete, wurde die Stiftskirche errichtet, deren Tor vier Hufeisen zieren. In Castrojeriz gibt es weitere sehenswerte Kirchen: *Santo Domingo, Santiago de los Caballeros, San Esteban* und *San Juan.* Noch im 19. Jahrhundert gab es hier sieben Hospize.

Es geht weiter auf dem Pilgerweg und während der Blick schon hinüber in die Provinz Palencia schweift, führt der Weg durch Castrillo de Mataju-

*Es wird im Bäckerofen gegart, auf Rebholz und anderem Holz und nur mit ein wenig Salz und sonst nichts bestreut ..., wenngleich es auch mit etwas Schweineschmalz bestrichen werden könnte. Gegart wird es in einer Tonform. Heute, da es diese Öfen nicht mehr gibt, würzt man das Lamm mit Oregano, Knoblauch, Thymian und Zwiebeln, damit das Fleisch den Geschmack und die Saftigkeit bekommt, die es in der Hitze anderer Öfen (elektrische oder mit Gas) nicht bekommt.*

Miguel Delibes, *Castilla al habla* („Kastilien im Volksmund")

Delibes lässt auch seine Vorliebe für die Jagd anklingen und beschreibt traditionelle Wildrezepte.

Das Schwein, immer und überall beliebt und geschätzt, vereinte bei seinem Tod, dem Akt des Schlachtens, alle Bewohner eines Dorfes bei einem Fest. Eine Beschreibung, wie das Schwein zerlegt und anschließend zu Würsten verarbeitet und seine Fleischstücke zugeschnitten werden, würde ein ganzes Buch über Volksbräuche füllen. Heute wird nicht mehr so häufig geschlachtet. Schlachttag ist traditionell der 11. November, der Martinstag. Um ihn ranken sich so bekannte spanische Sprichwörter wie: „Für jedes Schwein kommt sein Martinstag!" – „Am Martinstag pack das Schwein mit der Mistgabel!" – „Am Martinstag hört das Schwein zu grunzen auf."

Ein Produkt vom Schwein, das in ganz Spanien bestens bekannt ist, ist die *morcilla de Burgos,* die Burgos-Blutwurst, die mit Blut, Reis, Salz und einer Prise Zimt hergestellt wird. Die *chorizos caseros* (hausgemachte rote Paprikawürste), auf Kohlenglut gebraten, sind eine weitere fettreiche Spezialität von Burgos. Gekochte Schweinsohren oder Ohren mit Hülsenfrüchten, Füße paniert und geschmort, der Kopf für eine gute Brühe ... Alles wird von diesem Tier genutzt, das sich zu so vielen Köstlichkeiten verarbeiten lässt, wie es Körperteile hat. Mit den edlen und weniger edlen Teilen werden gepökelte oder frische Lenden, Schlackwurst, Schinken, Rauchfleisch, *chanfaina* (Lungenragout) und weitere schmackhafte Fleisch- und Wurstwaren hergestellt.

Zwar liegt die Küste weit weg, aber vor vielen Jahren konnte man sich in Burgos an Flusskrebsen und Forellen gütlich tun. Nach Flusskrebsen sucht man heute vergeblich. Sie waren die Hauptzutat in der historischen *sopa burgalesa* (Burgos-Suppe). Die Forellen sind heute meist Zuchtforellen.

Der Kabeljau ist der Trockenfisch schlechthin, auf den man entlang dem ganzen kulinarischen Jakobsweg immer wieder trifft. Der Konsum dieses Fisches wurde von den Klöstern stark gefördert. In vielen volkstümlichen Kneipen und Bars wird man Gelegenheit haben, von diesem Fisch zu kosten. Er wird auf allerlei Arten ausgezeichnet zubereitet.

Neben den klassischen Nachtischen wie Milchreis, *natillas* (eine Cremespeise aus Eiern, Milch und Zucker), *leche frita* (eine panierte, frittierte Eiercreme) und *torrijas de vino y leche* (Arme Ritter in Wein und Milch) sind die *rosquillas burgalesas* (Burgos-Brezeln) und die exquisiten *yemas de canónigo* (Stiftsherren-Eigelbe) weithin bekannt. Süßes Gebäck wie *frisuelos* (aus der Pfanne) und *pestiños* (in Honig getauchtes Ölgebäck), auch *ojuelos* oder *orejuelas* genannt, steht für ländliche Tradition und

**Blutwürste**
*Die Burgos-Blutwurst gilt als eines der typischsten Produkte dieser Region, wird aber bekanntlich in ganz Spanien hergestellt. Mit den echten Würsten aus Burgos können sich die anderen allerdings nicht messen.*

**Die Jagd**
*Für die Beute aus Hochjagd und Kleintierjagd in Spanien steht eine große Rezeptesammlung zur Verfügung, von deftigen bodenständigen Gerichten bis hin zu den raffiniertesten Kreationen der Nouvelle Cuisine.*

wird noch immer für religiöse oder Volksfeste zubereitet. Auf die *almendras garrapiñadas de Briviesca* (Mandelflocken aus Briviesca) stößt man in allen Winkeln von Burgos.

In Castrojeriz wollten die Nonnen des Klosters Santa Clara, so kam es der Verfasserin zu Ohren, sich mit einer Süßspeise verewigen. Von Schwester María Trinidad Beitia stammt das Rezept. Alles, was man tun muss, um nach Heiligkeit zu streben, ist, die Zutaten tagtäglich aufs Neue zusammenzutragen.

***Torte der Heiligkeit***
*In eine Backform des guten Gewissens*
*mit vollen Händen man werfe*
*heldenhafte Geduld.*
*Auf ihren Boden man gebe eine große Menge*
*des festen Teigs, Demut genannt.*
*Darüber man breite*
*eine Konfitüre aus Freude,*
*Frieden und Süße.*
*Und alles benetze man mit dem Rum des Gehorsams,*
*und mische darunter Anissamen der Buße.*
*Man schiebe sie ins Feuer der Wohltätigkeit*
*und diese gibt ihr Heiligkeit.*
*Das Kreuz sei der Zweig, der sie ziere,*
*und vor eitler Luft schütze man sie.*

Burgos bietet dem Pilger nach dem Mahl auch eine gute Auswahl an Käsen. Favorit ist der *queso de Burgos* (Burgos-Käse). Aus frischer Schafsmilch hergestellt, ist er weiß und saftig, sein sanfter Geschmack und seine Schlichtheit bestechen. Ein anderer Käse, der in ganz Kastilien bereitet wird, ist der *queso castellano* (Kastilischer Käse), mit einer harten Rinde, von gelblichem Aussehen, geräuchert und lange haltbar. Aus Briviesca kommt die allseits beliebte und geschätzte *cuajada dulce* (süßer Quark).

Im Kloster *San Pedro de Cardeña* wird der Likör *Tizona del Cid* (Schwert des Cid) erzeugt. Bruder Dalmacio Ortiz, der Bibliothekar des Klosters, lieferte mir die Rezeptformel: „Man nehme winzige Alkoholportionen, Zucker und eine Beize von bis zu 37 verschiedenen Kräutern, je nach Bedarf den Stängel, manchmal die Blüte und sogar die Wurzel. Daraus entsteht Likör in zwei Farben: in Grün und in Gelb."

Dasselbe Kloster erzeugt den Wein Valdevegón. Die Rebsorten stammen ursprünglich aus La Rioja und aus La Nava in Valladolid.

## Der Wein

Der Weinanbau in Kastilien und León lässt sich viele Jahrhunderte zurückverfolgen. Dem Jakobsweg und den Zisterzienser-, Benediktiner- und Kluniazensermönchen, die sich hier niederließen, ist sein gewaltiger Aufschwung im Mittelalter zu verdanken. Damals wurden Rebe und Wein in der christlichen Welt anscheinend allgemein geschätzt und geschützt, wie Darstellungen an heiligen Stätten beweisen.

In Quintanilla in Las Viñas (Burgos) gibt es einen westgotischen Fries, der in einer Bilderfolge Weinreben und -trauben zeigt. Er gilt als die erste Darstellung von Wein in Europa. An einigen Kapitellen in *Santo Domingo de Silos* (Burgos) und in der Stiftskirche und im Gewölbe des *panteón de los reyes* (königliche Gruft) in San Isidoro (León) ist der heilige Markus als Mundschenk und Kellner dargestellt, denn der Überlieferung nach wird dieser Heilige beim letzten Abendmahl den Wein ausschenken.

## D.O. Ribera del Duero

**Die Lage:** Die Weingärten sind über die Provinzen Burgos, Valladolid, Segovia und Soria verstreut. Burgos besitzt jedoch die größte Fläche an Weingärten, wenngleich die Weinerzeugung selbst größtenteils in den Kellereien von Valladolid erfolgt. In Valbuena del Duero (Valladolid) befindet sich übrigens eine der ältesten und angesehensten Kellereien von ganz Spanien: Vega Sicilia, 1864 gegründet.

Burgos ist für Rotweine eine der interessantesten Lagen. Jedes Jahr steigert sich der Absatz, ohne dass die Weine dabei an Qualität verlören.

**Weißweine:** Bevorzugte Rebsorte ist Albillo.

**Roséweine:** Sie haben oft die Farbe von Zwiebelschalen, sind fruchtig und lieblich; manchmal allerdings mit einem etwas zu hohen Alkoholgehalt.

**Rotweine:** Als Rebsorten für Rotweine werden *tinta del país* (Tempranillo, die am häufigsten verwendete Rebsorte), roter Garnacha, Cabernet Sauvignon, Malbec und Merlot verwendet. Die Favoriten der D.O. werden mit der Rebsorte *tinta del país* (Tempranillo) erzeugt. Sie zeichnen sich durch eine intensive kirschrote Farbe und ein Aroma von reifen Früchten aus. Die jungen Weine sind stark; nach dem Ausbau im Fass und in Flaschen werden daraus sanfte, elegante Weine mit Körper.

Die Keller von Burgos befinden sich vor allem in Aranda de Duero und Roa de Duero.

**Lammbraten**

*Der Braten ist der Star der kastilischen Küche und stammt traditionell vom Lamm.*

# DIE REZEPTE

## *Chuletitas de cordero al sarmiento*
## Lammrippchen auf Rebholz gegrillt

**ZUTATEN FÜR 4 PERSONEN**

1 kg Lammrippchen
Olivenöl
Salz

◆ Ist das Rebholzfeuer bereit, ein Gitter darüber legen. Die Rippchen mit Öl bestreichen und von beiden Seiten grillen, bis sie außen knusprig und innen zartrosa und saftig sind. Beim Grillen auf die Flamme achten, damit sie nicht anbrennen. Wenn sie fertig sind, die Rippchen auf beiden Seiten mit Salz bestreuen.

*Speisen direkt über der Flamme oder auf einer Glut zu grillen, hat in den ländlichen Gebieten Tradition; das war bei der Kirchweih und anderen Festen so üblich. Das heute so beliebte Barbecue hat es dort schon immer gegeben. Sowohl in Aragón als auch in La Rioja grillt man Rippchen auf Rebholz, was zweifellos zu ihrem unvergleichlichen Geschmack beiträgt.*

# *Olla podrida burgalesa*
# Eintopf nach Burgos-Art

**ZUTATEN FÜR 4 PERSONEN**

½ kg rote Ibeas-Bohnen oder andere getrocknete rote Bohnen
2 Schweinsohren
2 Schweinsfüße
8 gepökelte Schweinsrippen
2 Burgos-Blutwürste
300 g Bauchspeck
2 *chorizos* oder andere rote Paprikawürste
Salz

**Für den Speckknödel**
(Menge der Zutaten je nach gewünschter Größe):
Hartes Brot (rustikales Weißbrot)
Knoblauch
Petersilie
Eier (gewöhnlich genügt 1 Ei)
Bauchspeck aus der Brühe

◆ Am Vorabend die Bohnen in kaltem Wasser einweichen. Am Tag darauf Ohren, Füße, Rippen und Bauchspeck zum Kochen aufsetzen.

◆ Sind alle Zutaten gar, aus der Brühe heben und beiseite stellen.

◆ Die roten Bohnen abtropfen lassen und in der Fleischbrühe auf mittlerer Hitze kochen.

◆ Nach der halben Kochzeit (½ – ¾ Stunde) die *chorizos* oder anderen roten Paprikawürste dazugeben. Kurz bevor die Bohnen gar sind, die gekochten Fleischzutaten und die Blutwürste darin erhitzen, damit sie nicht zerfallen. Mit Salz abschmecken.

◆ Die Brühe sollte sämig sein. (Ist sie zu klar, ein paar Bohnen im Holzmörser zerdrücken und das Püree unter den Eintopf mischen, danach alles ein paar Minuten köcheln lassen.)

◆ Um das Servieren zu vereinfachen, werden alle Fleischsorten auf einer Platte angerichtet. Die roten Bohnen kommen zusammen mit der Brühe in einer Suppenschüssel auf den Tisch.

◆ Für den Speckknödel werden die Zutaten nach Augenmaß und gewünschter Größe bemessen. Das harte Brot auf einer Reibe reiben (oder fertige Semmelbrösel verwenden) und mit dem zerdrückten Knoblauch, der Petersilie und einem Stück gekochtem Bauchspeck aus der Brühe, das in sehr kleine Stücke geschnitten wird, vermischen. Das geschlagene Ei darunter mischen, sodass ein Teig entsteht. Diesen zu einer ovalen Kugel formen, goldgelb anbraten und im Eintopf ungefähr fünfzehn Minuten köcheln lassen. Zusammen mit dem Fleisch in kleine Scheiben geschnitten servieren.

*In den Fleischeintopf am Königshof kamen Kichererbsen als Grundlage, aber in Burgos nimmt man für die Zubereitung des typischen Eintopfs die köstlichen roten Bohnen aus Ibeas, ein Ort, der nahe bei der Hauptstadt liegt, und Teil des Pilgerwegs ist. Auch in Kastilien und León gehören Bohnen zum üblichen Grundrezept des Eintopfs.*

Ángel Muro führt in seinem *Practicón* (Der Praktiker) das Rezept für diesen Eintopf auf: „Nachdem Kichererbsen und Fleisch, wie schon erwähnt, hineingegeben wurden (die erwähnten Zutaten immer in heißes Wasser), den Schaum abschöpfen und danach ein Hühnchen, Speck, Schinken, Schweinsfüße, -ohren und -würste sowie die Innereien des Vogels sowie alles, was die Natur erschuf und das gekocht gegessen werden kann."

*Perdices estofadas*
# Geschmorte Rebhühner

**ZUTATEN FÜR 6 PERSONEN**

6 Rebhühner
3 große Zwiebeln
3 große Mohrrüben
3 mittelgroße, reife rote Tomaten
1 Glas Essig
1 Lorbeerblatt
2 EL Thymian
6 schwarze Pfefferkörner
½ l Öl
Petersilie
Salz

◆ Das Gemüse in Scheiben schneiden und zusammen mit den ganzen Rebhühnern und allen anderen Zutaten in einen großen Schmortopf geben. Mit Wasser aufgießen, sodass die Rebhühner bis zur Hälfte bedeckt sind. Den Schmortopf zudecken und das Gericht auf mittlerer Hitze köcheln lassen. Sind die Rebhühner gar, herausheben und auf einer vorgewärmten Platte anrichten. Die Sauce mit dem Gemüse durch ein Sieb passieren und über die Rebhühner geben. Nach Belieben kann die Sauce auch unpassiert zu den Rebhühnern serviert werden. Kurz aufkochen lassen und mit Salz abschmecken. Warm auftragen.

*Schmorgerichte wie dieses stehen überall auf der Speisekarte. In Kastilien werden Jagdvögel, die dort sehr beliebt sind, oft auf diese Weise zubereitet.*

LA COCINA PRÁCTICA

# *Sopa castellana*
# Kastilische Suppe

**ZUTATEN FÜR 4 PERSONEN**

1 l Fleischbrühe
5 EL Olivenöl
½ Zwiebel
2 Knoblauchzehen
1 große reife Tomate, enthäutet
100 g Schinken
1 EL süßer Paprika
100 g hartes Brot vom Vortag
(rustikales Weißbrot)
4 Eier
Salz

◆ In einem Tontopf die Fleischbrühe zum Kochen aufsetzen (am besten ist selbst gemachte, doch man kann auch einen Brühwürfel nehmen). Das Öl in eine Pfanne geben und die Zwiebel und die stark zerdrückten Knoblauchzehen andünsten.

◆ Die in ganz feine Stücke gehackte Tomate, den in kleine Würfel geschnittenen Schinken und das süße Paprikapulver dazugeben. Alles gut verrühren und in die im Tontopf kochende Brühe geben. Das Brot in sehr feine Scheiben schneiden und ebenfalls in die Suppe geben.

◆ Mit Salz abschmecken. Zwanzig bis dreißig Minuten sehr behutsam köcheln lassen.

◆ Den Topf vom Feuer nehmen und die geschlagenen Eier hineingeben und gerinnen lassen.

◆ Die Suppe kommt sogleich im Tontopf auf den Tisch und wird aus tiefen Tonschälchen und, nach Belieben, mit Holzlöffeln gegessen.

*Die Knoblauchsuppe, mehr oder weniger einheitlich angereichert mit Schinken oder roter Paprikawurst oder sonst etwas Gebratenem, gehört ebenfalls zu den Gerichten, die es nicht nur in Burgos gibt, sondern auch in allen Dörfern entlang dem Pilgerweg.*

◆ Die Eier kann man auch direkt über der kochenden Brühe aufschlagen und hineingleiten lassen. Sie werden dann in der sanft köchelnden Suppe vier bis fünf Minuten poschiert.

*Torrijas de vino y leche*
# Arme Ritter in Wein und Milch

**ZUTATEN FÜR 24 TORRIJAS**

1 l Milch
1 kleine Zimtstange
200 g Zucker
1 l Rotwein
2 Stangen Weißbrot vom Vortag
6 Eier
3 EL gemahlener Zimt
Öl zum Braten

◆ Die Milch mit der Zimtstange und fünfzig Gramm Zucker aufkochen. Den Wein mit 75 Gramm Zucker vermischen. Das Brot in dicke Scheiben schneiden. Das ergibt pro Stange ungefähr zwölf Stück.

◆ Je zwölf Brotscheiben auf zwei flache Schalen verteilen. In eine wird die Milch geschöpft, die warm gehalten wurde. Darauf achten, dass alle Brotscheiben gut bedeckt sind. In die zweite Schale wird der gesüßte Wein gegossen.

◆ Die sechs Eier in einer Schüssel kräftig verschlagen.

◆ Den gemahlenen Zimt mit dem verbliebenen Zucker vermischen und über das Weißbrot streuen.

◆ Reichlich Öl in eine große Pfanne geben und auf mittlerer Hitze erwärmen.

◆ Die Brotscheiben (erst die mit Milch, danach die mit Wein) in die geschlagenen Eier tunken und dann im Öl goldgelb braten. Herausnehmen, gut abtropfen lassen und auf eine Platte geben, deren Boden mit der Zucker-und-Zimt-Mischung bestreut ist. Die *torrijas* werden mit derselben Mischung bestreut. Sie kommen kalt auf den Tisch.

*Nach Belieben mit zuvor geklärtem Silos- oder Cárdena-Honig benetzen. Dieser Nachtisch ist für den Karneval und die Fastenzeit sehr typisch, und wenngleich er heute mit besonderem „torrija"-Brot zubereitet wird, eignet sich auch ganz normales Brot dazu.*

*Truchas con almendras*
# Forellen mit Mandeln

**ZUTATEN FÜR 4 PERSONEN**

4 Forellen
50 g weiche Butter
16 gehackte Mandeln
2 Zitronen
Salz

◆ Die Forellen ausnehmen und waschen. Trockentupfen, mit Salz bestreuen und in eine ofenfeste Form geben. Oben mit Butter bestreichen und mit den zerhackten Mandeln bestreuen. In den auf mittlere Hitze vorgewärmten Backofen schieben und darauf achten, dass sie nicht zu lange darin bleiben.

◆ Sofort mit Zitronenvierteln servieren.

*Schon seit undenklichen Zeiten sind Forellen ein fester Bestandteil der Küche in Burgos. Sie werden auch mariniert zubereitet oder mit Schinken. Man konnte sie bereits auf vorherigen Abschnitten des Pilgerwegs wie zum Beispiel in Navarra probieren. Später werden sie dem Pilger noch in León und Palencia begegnen. Diese Flussfische gab es früher in großen Mengen. Sie ersetzten die fehlenden Meeresfische.*

**Die Kirche San Martín in Frómista**
*Sie ist das architektonische Juwel von Frómista. Ursprünglich diente sie einem im Jahr 1066 gegründeten Benediktinerkloster als Gotteshaus.*

# Palencia

*... Frómista und Carrión, das ein vorzügliches und wohlhabendes Städtchen ist, mit Brot, Wein, Fleisch und allerlei Produkten im Überfluss [...]. Wie auch mit heilsamen Flüssen wie der Pisuerga, die unter der Brücke von Itero hindurchfließt; dem Carrión, der durch Carrión fließt ...*

(Codex Calixtinus)

HEUTE VERLÄUFT DER JAKOBSWEG DURCH:

Boadilla del Camino
Frómista
Población de Campos
Revenga de Campos
Villalcázar de Sirga
Carrión de los Condes
Calzado de los Molinos
Quintanilla de la Cueza
Calzadilla de la Cueza
Lédigos
Terradillos de los Templarios
Moratinos
San Nicolás del Real Camino

Endlose Getreidefelder, Taubenschläge, quadratisch oder rund, Häuser aus Luftziegeln und in den Fels gehauene Höhlen, in denen seinerzeit der Wein gelagert wurde, künden an, dass wir, sobald wir in Boadilla del Camino eintreffen, in Tierra de Campos angelangt sind. Die Pfarrkirche lädt ein, ihr Altarbild und den Taufstein zu bewundern.

Der Weg führt weiter nach Frómista, wo der Pilger sich etwas Zeit nehmen sollte. Kommt man auf der *Calle del Milagro* (Straße des Wunders) in den Ort, sollte man vor *San Martín de Tours* Halt machen, einem Gotteshaus, das zu einem heute nicht mehr existierenden Kloster gehörte. Besonders bemerkenswert ist sein Kuppelgewölbe und die Kapitelle im Inneren; an einigen sind Szenen dargestellt, die Freimaurerrituale zeigen. Die Kirche gilt als eines der bedeutendsten Werke der romanischen Architektur in Spanien. Weitere herausragende Bauten in Frómista sind die Einsiedelei von *Santiago* oder *Otero,* die Kirche *Santa María del Castillo,* die Pfarrkirche *San Pedro,* die Ruinen des Benediktinerklosters, das Judenviertel und das Hospiz *Santiago.* Früher befand sich dort, wo heute das Gasthaus *Los Palmeros* steht, ein Pilgerhospiz. Die Statue des heiligen Telmo auf dem Platz ehrt den Schutzpatron des Städtchens, der auch der Schutzherr der Seefahrer ist.

Der Pilgerweg führt durch Población de Campos, Revenga de Campos, Villovieco de Campos und Villaermentero, wo es die Pfarrkirche *San Martín de Tours* zu besichtigen gibt, in deren Innerem Mudéjar-Fachwerk die Hauptkapelle bedeckt. Ungefähr zwei Kilometer vor Villalcázar de Sirga befindet sich die einfache Kapelle *Nuestra Señora del Río* (Jungfrau vom Fluss). Seinerzeit gab es hier eine Alabasterbüste des heiligen Jakobus als Pilger mit Pilgerstab, Kürbisflasche und Hut mit Jakobsmuscheln. Die Pilger fuhren mit einem Tüchlein über die Stirn des Abbildes und anschließend über die eigene Stirn, in dem Glauben, das befreie sie von Kopfschmerzen und Migräne. Dieses Bild ist heute in Villalcázar de Sirga in der Kirche *Santa María la Blanca* zu sehen, die einst dem Tempelritterorden gehörte. Sie ist von gewaltigen Ausmaßen und wurde im gotischen Stil erbaut. Die Kapelle mit dem Bild der Jungfrau ist stets mit einem Eisengitter verschlossen. Alfons X., der Weise, spricht in seinen *Cantigas* (Lobgesängen) wiederholt von den Wundern, die diese Jungfrau bewirkt habe. Keinesfalls unerwähnt bleiben darf das Wirtshaus, das Pablo Payo mit seiner Familie seit unendlich vielen Jahren gegenüber der Kirche betreibt. Die Pilger, die den Jakobsweg zu Fuß gehen, und nur sie, bekommen hier umsonst ein Glas Wein und einen Teller Suppe. Für alle anderen, die sich an einen der Tische setzen und natürlich die Rechnung bezahlen, gibt es eine herrliche Speisekarte. An diesem Ort standen früher zwei Pilgerhospize: das *Real* (Königliche) und das der *Tiendas* (Geschäfte).

Die nächste Ortschaft, die auf dem Jakobsweg eine ziemliche Rolle spielt, ist Carrión de los Condes. Hier gab es ein Judenviertel, in dem Don Shem Tov ben Izhaq ben Ardutiel aufwuchs, der als Santos de Carrión wohl bekannter sein dürfte. Während der Herrschaft von Pedro I. dem Grausamen, verfasste er die *Danza General de la Muerte* (Totentanz) und die

**San Martín in Frómista. Innenansicht**
*Gedämpft fällt das Licht in das kahle Kircheninnere. Das Gotteshaus wurde Ende des 19. Jahrhunderts restauriert.*

**Die Kirche Santa María**
*In ihrem Inneren beherbergt sie die Virgen Blanca (Weiße Jungfrau), der zahlreiche Wunder zugeschrieben werden. Unter anderem soll sie den Zorn des Meeres besänftigen können.*

*Proverbios Morales* (Moralsprüche). Ein weiterer illustrer Sohn des Ortes ist Don Iñigo López de Mendoza, der berühmte Marqués de Santillana, der seine schöne Heimat mit den Infanten von Carrión teilt, die mit den Töchtern von El Cid verheiratet waren.

Die ersten Hospize für Jakobspilger entstanden in der zweiten Hälfte des 10. Jahrhunderts. Eines davon befand sich in Carrión (die beiden anderen waren das in Cebreiro in Lugo und in Sahagún in León). Der Pilger Manier berichtet, wie ihnen „in der Abtei Benevivere bei Carrión die *pasada del pan* (Durchreiche für Brot) zustatten kam; an ein und demselben Tag im Kloster Gran Caballero, im Hopiz San Marcos und in San Martín del Camino bekam man an der *pasada* ein Pfund Brot und ein Viertel Butter ..." Der Ausdruck *pasada* bezieht sich auf die Tatsache, dass es in einigen Konventen, Klöstern und Hospizen Öffnungen in der Mauer gab, durch die jenen Pilgern Essen gereicht wurde, die sich nur stärken, jedoch nicht übernachten wollten.

In Carrión muss man unbedingt die Kirche *Santa María del Camino* ebenso wie die Kirche *Victoria* gesehen haben, die mit dem Wunder der hundert Jungfrauen zu tun hat, deren Darstellung ihr Portal schmückt. In der Kirche *Santiago* (Jakobuskirche) findet man einen sehr schönen Pantokrator und am Stirnbogen eine Darstellung von vierundzwanzig verschiedenen Handwerksberufen. Anscheinend wurde das Gotteshaus von den Zünften finanziert. Das Kloster *San Zoilo* am Ortsausgang besitzt einen herrlichen Renaissance-Kreuzgang. In einem silbernen Reliquienschrein werden die Überreste seines Namensheiligen sowie die Reste anderer Heiliger aufbewahrt. Eine weitere Attraktion der Anlage sind die Grabmäler der Grafen von Carrión aus dem 13. Jahrhundert. Bis zum 15. Jahrhundert unterstand es dem Kloster Cluny und es war nach dem in Sahagún das wichtigste Kloster. Direkt neben dem Kloster lag das Hospiz de *la Herradura* (zum Hufeisen), so genannt wegen der Form seines Portals. Es erfreute sich eines guten Rufes unter den Pilgern.

Zurück auf dem Pilgerweg, geht es durch Calzada de los Molinos, Cervatos de la Cueza, Quintanilla de la Cueza und Calzadilla de la Cueza. Beim letztgenannten Dorf gab es im 12. Jahrhundert das Kloster *de las Tiendas* (der Geschäfte), das großzügige Portionen Brot, Käse und Wein an die Pilger verteilte. Alfons VIII. von Kastilien befreite es von der Steuer.

Lédigos begrüßt den Pilger mit kleinen Häusern aus Luftziegeln. Was für ein Gegensatz zu Terradillo

**Die Kirche Santiago in Carrión de los Condes**
*Die Fassade gilt als das schönste unter den seltenen Beispielen für einen romanischen Bau mit griechisch-römischem Einfluss.*

**Die Kirche Santiago in Carrión de los Condes. Fries und Pantokrator**
*Die Fassade der Kirche Santiago weist verschiedene in Stein gehauene Motive auf. Zu sehen sind Christus, der über dem Portal thront, und zeitgenössische Handwerksberufe.*

de los Templarios, in dem sich das „Huhn mit den goldenen Eiern" befindet! Diese von den Tempelrittern selbst verbreitete Legende sollte ihren enormen Besitz an Gold rechtfertigen. Es hieß, am Johannestag spürten die Hühner, die Küken hatten, im Morgengrauen die Verstecke von Gold auf … Kein Gold hat das kleine Dorf Moratinos angesammelt, dessen einzige Straße, die französische Pflasterstraße, zum letzten Ort des Pilgerwegs auf dem Gebiet von Palencia, San Nicolás del Real Camino, führt.

## Die Küche

Lässt man die Provinz Burgos hinter sich, gelangt man nach Palencia, auch Tierra de Campos genannt. Die Felder reichen bis zum Horizont und sie sind eben, unendlich und streng, ein Flickenteppich aus Ocker und Goldgelb. Wenngleich die Landschaft bewundernswert ist, galt sie bei den Pilgern als ein schwerer Wegabschnitt. In dieser Gegend bieten sich viele gute Gelegenheiten, wieder zu Kräften zu kommen. Denn die Küche ist ungemein stärkend, reicht sie doch von den traditionellen *sopas albadas* (Kräutersuppen) bis hin zu üppigen Süßspeisen, nachdem man sich zuvor an einer *menestra de verduras* (Gemüseeintopf) und dem *asado* (Braten) gelabt hat.

Ein Sprichwort besagt: „Nur die alten Frauen und die Armen in den kastilischen Weilern verstehen sich auf die Zubereitung dieser Suppen." Die traditionelle Küche von Palencia verfügt über eine große Vielfalt davon: Die *sopa de ajo palentina* (Knoblauchsuppe nach Palencia-Art) – aus Wasser und Brot gekocht und angereichert mit in Öl gedünstetem Knoblauch – ist eine davon. Von diesem Grundrezept gibt es mehrere Dutzend Varianten, je nachdem, ob man kleine Stückchen Schinken, rote Paprikawurst, pochierte oder geschlagene Eier oder was auch immer dazugibt. Zu diesen Varianten gehören auch die *sopa de ajo adobada* (Knoblauchsuppe mit Gepökeltem), die *sopa castellana* (kastilische Suppe), die *sopa albada* (Kräutersuppe) und auch die *sopa de tosta o costra* (Toast- oder Krustensuppe). Dabei handelt es sich um eine Knoblauch-Brotsuppe, die auf einem Dreifuß in der Aschenglut zwei Stunden gekocht wird, sodass das Brot am Ende außen knusprig, innen jedoch weich ist.

Die *sopas caldosas picantes* (pikante Fleischbrühen), die *sopas de ajo completas* (verfeinerte Knoblauchsuppen) mit ganzen gekochten Eiern, Rippchen, Oliven, Salamiwurst, Brot, Schinken … und die *sopa de setas de senderilla o rojilla* (Pilzsuppe) sind aufwendigere Gerichte, die man probieren sollte.

Es gibt auch Gerichte, deren Zutaten man erst suchen muss, bevor man sie genießen kann. Das gilt sowohl für „Pilze mit Karde" als auch für „Hauhechel und Kohl", beide mit Rührei zubereitet und für den begehrten Spanischen Rasling. Auf der Suche begegnet man vielleicht auch Schnecken. Sie werden mit einer pikanten Salsa zubereitet.

Palencia verfügt in der Vega del Carrión (einer fruchtbaren Ebene) über Gemüsegärten, in denen exzellentes Gemüse prächtig gedeiht. Das erklärt die Tradition der Gemüseeintöpfe, die eine Spezialität der Küche von Palencia sind. Als Grundlage dient geröstetes mageres Schwein oder Kalb, Zwiebeln, Knoblauch und Petersilie. Anschließend kommen bis zu zehn verschiedene gekochte oder überbackene Gemüse dazu, die zum Schluss mit gekochten, in Scheiben geschnittenen Eiern, Streifen roter Paprika und Spargel garniert werden. Wie überall in Spanien schätzt man auch in Palencia besonders die Hülsenfrüchte. Einzeln oder in Eintopfgerichten vereint, fehlen sie nie im Angebot, wie etwa der Eintopf mit Kichererbsen und Reis oder die Fastensuppe aus Kichererbsen, Bacalao, Spinat und Eiern.

In Palencia wurden früher in den Gebirgsflüssen und -bächen und sogar in den Ebenen in den Flüssen Carrión und Pisuerga Regenbogen- und Lachsforellen gefangen. Heute dagegen stammen sie meist aus künstlichen Fischbecken. Sie werden entweder mariniert oder mit Speck oder Schinken gebraten. Sehr typisch waren die kleinen gebratenen Fische, die in zwei Reihen jeweils zu sechst an einem Stab aufgereiht wurden, ähnlich den kleinen Sardinen aus Málaga. Anderen Flussbewohnern, wie den Flusskrebsen, begegnet man dagegen überhaupt nicht mehr in ihrer natürlichen Umwelt, sie werden aber weiterhin in einer pikanten Salsa oder mit Salat serviert.

Das Kantabrische Meer versorgt die Märkte in Palencia mit Fischen. Ihre Zubereitung ist typisch baskisch: So ist Zahnbrasse, im Backofen oder auf dem Rost gebraten, ein typisches Weihnachtsgericht und den Seehecht isst man wie die Basken, in Öl mit Knoblauch gebraten oder überbacken. Der Meeraal, der als Trockenfisch in der spanischen Küche Tradition hat, wird in einer grünen Sauce oder mit Kartoffeln zubereitet und der Trockenkabeljau kommt zusammen mit Kartoffeln oder in grüner Sauce, gespickt oder überbacken auf den Tisch. Die Bewohner von Palencia schätzen die kleinen Tapas in Kneipen und Bars, besonders die verschiedenen in Essig eingelegten Muscheln.

**Lorbeer**
*Die Blätter dieser aromatischen Pflanze werden in Kastilien und León häufig verwendet, um vielerlei Gerichten einen besonderen Duft und Geschmack zu verleihen.*

Der Norden von Palencia liefert ausgezeichnetes Fleisch, sowohl vom Kalb als auch vom Rind. Es wird auf verschiedene Arten zubereitet, wobei Dörrfleisch vom Rind, mariniert mit Pfeffer, Knoblauch und Oregano als Spezialität gilt. Das Dörrfleisch von Villarramiel, das von Maulesel, Fohlen oder Stute stammt, wird mit Pilzen und Kartoffeln gekocht.

Als die Krönung aller Fleischgerichte gilt in Palencia jedoch das Lamm. Vom Milchlamm wird absolut alles genutzt. Außer seinem Fleisch werden die Innereien gekocht: Bries, Gekröse, Bauch und das berühmte Lungenragout. Man dämpft es in Öl, Zwiebeln, Petersilie, Lorbeer, zusammen mit Kartoffeln. Am Ende gibt man eine Hand voll Nüsse dazu.

Pater Isla war in Tierra de Campos Gast der Gutsverwaltung: „Die Mahlzeit wurde mit einem Teller Lungenragout eröffnet; es gab gebratenes Lamm, Kaninchen, Sauerbraten, Rindertopf, Schaf, Dörrfleisch, rote Paprikawürste, Schinken, alles im Überfluss, als Nachtisch Oliven, Paprika und einheimischen Käse."

Derartige Schlemmermähler wurden Predigern nach besonderen Messen angeboten, anlässlich eines Festes, das unter der Schirmherrschaft der Laienbruderschaften stand. Diese Vereinigungen wurden anfangs ausschließlich gegründet, um den Bedürftigsten zu helfen und für die verstorbenen Brüder zu beten, aber mit der Zeit verwandelten sie sich in eine Art gastronomische Gesellschaften. Im 18. Jahrhundert erlebten sie einen starken Aufschwung und genossen großes Ansehen, allerdings nicht wegen ihres wohltätigen Wirkens, sondern wegen der großartigen Schmausereien, die sie gaben und die man als Mahlzeiten der Gutsverwaltung bezeichnete. Diese

**Brot**
*Die Brotsorten in ganz Kastilien sind eine Freude, sowohl für das Auge als auch für den Gaumen.*

Laienbruderschaften hatten zwei Klassen von Mitgliedern: die Gutsverwalter, die die Elite bildeten, und die anderen, die die Laienbrüder waren.

Am 1. November wird in einigen Bergdörfern traditionell ein unfruchtbares Schafsweibchen verzehrt. Ebenfalls aus den Bergen stammt die *caldereta de pastor* (Hirtentopf), ein Gericht aus Schafsfleisch mit Zwiebeln, Leber, Brotkrumen, Essig und Pfeffer, ohne zusätzliches Fett in der Glut in einem Kupfertopf zubereitet. Braten (gemeint ist gebratenes Lamm) wird nur mit etwas Salz zubereitet. Meist verfeinert man das heute und gibt Gewürze hinzu, spickt es sogar mit hauchdünnen Speckstreifen, wie von Juan de Altimiras in seinem Kochbuch empfohlen.

Für gebratenes Zicklein und Ferkel gibt es kleine kulinarische Tempel, in denen man sie probieren sollte. Nirgendwo fehlt jedoch das Schwein und das Schlachtfest. In Palencia kennt man einige Eigenarten und einige besondere Ausdrücke für das Schlachten. Die Besitzer des toten Schweins laden die Nachbarn, die beim Schlachten geholfen haben, zu *sopas bobas:* Wasser mit Brotscheiben, das aufgefüllt wird mit Blut vom Schwein, gewürzt mit Paprika, Anis und Kümmel. Die Zubereitung von Blutwurst, roter Paprikawurst und anderen Wurstwaren bezeichnet man als *mondongo;* die Brühe, die man beim Kochen der Blutwurst erhält, als *chichurro.* Das Lendenfleisch für die Herstellung der Paprikawurst heißt hier *jijas* oder *picadillo.* Der Bauch des Schweins, der *pijo,* wird wie das Lungenragout vom Lamm zubereitet, und zwar meist noch am Schlachttag. Der Kopf des Schweins wird im Allgemeinen gebraten. Die *chorizo,* die rote Paprikawurst, die etwas pikant ist, bewahrt man in Öl oder Schweineschmalz in Tontöpfen oder in Einmachgläsern auf. Blutwurst stellt man mit Blut und Reis nach Burgos-Art her, dabei gibt es einige Geschmacksvarianten: So gibt man geröstete Zwiebeln oder aber Brotbrösel, Paprika, Knoblauch und Oregano dazu. Auch mit geschmorter Zwiebel, Salz, Oregano, Paprika, Nelke, Zimt, Pfeffer und einer Prise Chili wird Blutwurst gerne zubereitet.

Die Vogeljagd ist vertreten durch Rebhuhn, Wachtel und junge Tauben. Diese Vögel werden oft mariniert, dann geschmort oder gekocht. Ein häufig gefangener Vogel war die Trappe. Mit ihrem Fleisch bereitete man rote Paprikawurst. Die Wasservögel sind heute verschwunden, aber seinerzeit traf man sie in Mengen in der *Laguna de la Nava* an. Die Pelztierjagd konzentrierte sich vor allem auf Hase und Kaninchen. Hasen bereitete man mit weißen Bohnen, Pilzen und Schokolade zu oder man schmorte sie nur mit Pilzen. Zu Kaninchen gehörte eine Jägersauce mit weißen Bohnen und Kartoffeln darin.

Der Geflügelhof lieferte nicht nur die klassischen Hähnchen, sondern auch Eier, für die es mehrere Feste gab. Die *marzas,* die am 1. März begangen werden, sind ein Vorspiel auf die Ankunft des Frühlings. In den Dörfern begehen die jungen Menschen das Fest, indem sie von Haus zu Haus ziehen und Eier und andere Nahrungsmittel sammeln, um damit ein üppiges Mahl zuzubereiten. Am Sonntag vor Palmsonntag feiert man den *domingo tomillero,* an dem die Patenkinder bei ihren Taufpaten anklopfen und diese ihnen Eier, Paprikawürste und Geld schenken.

Auch an Käse fehlt es nicht in Palencia. Es gibt Frischkäse aus Schaf- und Kuhmilch sowie geräucherten und gesalzenen Käse. Ein Industrieprodukt ist der *queso castellano* (kastilischer Käse).

In Privathaushalten bewahrt man den Käse oft in Öl, mit Chilischoten und aromatischen Kräutern auf. Der *queso cincho* ist ein Frischkäse, der dem aus Burgos oder Villalón ähnelt. Der *pata de mulo* reift zwei Monate. Im Norden wird der *queso picón* hergestellt; er ist in Kohlblätter gewickelt und erinnert mit seinem pikanten Geschmack an Ziegenkäse. Aus Schafsmilch wird Quark hergestellt. Mit der Milch von Kühen, die gerade geworfen hatten, machte man früher den besonders fett- und proteinreichen *queso de calostro*.

Am Fest des heiligen Toribio, am 16. April, ehrt Palencia Käse und Brot. Von der Einsiedelei des Heiligen aus werfen die Mitglieder des Gemeinderats und des Stiftskapitels Brot und Käse in die Menge.

Die Hirten im Hochgebirge bereiteten Suppen aus der Ziegenmilch: In die Milch, die sich in einem Gefäß befindet, wird ein glühend heißer Stein gelegt; dann kommt zerkrümeltes Brot dazu und alles wird miteinander verrührt. Diese Suppe wird auf der Stelle gegessen. Ihren Reiz verdankt sie dem vom heißen Stein verursachten leichten Brandgeschmack. Diese Technik zum Erhitzen von Milch wurde schon in dem Kapitel über Navarra angesprochen.

Das Brot von Palencia wurde von Pilgern und Dichtern besungen. Aus weißem Weizen wird der typische Brotlaib zubereitet. Im Gebirge ist es ein sehr hoher Laib, der mehrere Tage weich bleibt; im Zentrum gibt man ihm die Form einer Torte. In Frómista wird ein wunderbares Fladenbrot gebacken, das gut zum San-Martín-Käse passt. Die endlosen Weizenfelder liefern ausgezeichnetes Mehl nicht nur für Brot, sondern auch für eine unglaubliche Vielfalt an süßem Gebäck, das auf unterschiedlichste Weise zubereitet wird: *rosquillas de palo, rosquillas bañadas, rosquillas pelusas, rosquillas ciegas* (allerlei Arten von Brezeln), *sobada* (wörtlich: Geknetetes), *bollos blancos* (weiße Kugeln), *hojaldrados* (Blätterteiggebäck), *mantecados* (Schmalzgebäck), *frisuelos* (Pfannkuchen), *flores* (Blumen), Teegebäck mit Konfitüre, Biskuits ... und die *orejuelas* (Ohren) oder *hojuelas* (Waffeln), die zum Karneval hergestellt werden. Typisch sind auch die *bollos tontos* (wörtlich: dumme Kugeln), sehr ähnlich den *bollos blancos* und den *bollos listos* (wörtlich: fleißige Kugeln), zubereitet aus einer Mischung von Mehl, Butter, Weißwein, Zucker und Zimt. Und es gibt die *socorritos* (wörtlich: kleine Helfer) oder *raquelitos*, die an die *lazos de Boñar* (Schleifen) in León erinnern. Die *tortas de chicharrones* (Torten mit Speckgrieben) werden auf dem Schlachtfest gegessen.

Um weitere Spezialitäten von Palencia zu kosten, sollte der Pilger in Villalcázar de Sirga die *amarguillos* (Mandelgebäck) ebenso wie die *almendrados* (Makronen) aus eigener Herstellung probieren. In Villoldo (zwölf Kilometer von Carrión de los Condes) verkauft Familie Pedrosa seit dem Jahr 1913 in ihrer Konditorei hergestellte *amarguillos* (Gebäck aus Mandeln, Zucker und Eiweiß) und *tocinillos de cielo* (Himmelsspeck) ebenso wie andere Spezialitäten, die einen Abstecher lohnen. Die Konditorei wurde von Heriberto Pedrosa eröffnet, 1954 von seinem Sohn Emilio übernommen und gegenwärtig wird sie von Carmina und Ángel geführt. Das Rezept für das Mandelgebäck wird eifersüchtig gehütet. Deshalb probiert man die *amarguillos* am besten einmal selbst.

**Kartoffel-Tortilla**
*Neben den verschiedensten anderen Gerichten der spanischen Küche wird der Pilger der Kartoffel-Tortilla, dem Cocido (Eintopfgericht aus Fleisch und Gemüse) oder der Paella in praktisch jeder Kneipe begegnen, in der er einkehrt, um sich auszuruhen und sich zu stärken.*

Schokolade (La Trapa), Heidekraut- und Orangenblütenhonig vervollständigen das Angebot an Süßem, das auch die größten Naschkatzen befriedigen sollte. Was das Obst betrifft, so waren die Kirschen von Palencia immer sehr berühmt.

Zwar gibt es keinen spezifischen Palencia-Wein, doch wurde früher zumindest für den Konsum vor Ort Wein erzeugt. Auch heute noch werden nach alter Tradition exzellente Liköre und Schnäpse hergestellt; eine Besonderheit ist der *té de roca* (Felstee).

## Der Wein

### D.O. Cigales

**Die Lage:** Erstreckt sich auf mehrere Gemeinden in Valladolid und auf eine Gemeinde in Palencia.
**Weiße Rebsorten:** Verdejo, Viura und Albillo.
**Roséweine:** Die traditionellen sind frisch, fruchtig, leicht und mild. Es gibt auch aromatischere in einem sehr auffälligen Himbeerrot und auch im Fass ausgebauten Roséwein.
**Rotweine:** Sie werden aus roten Rebsorten des Landes erzeugt (Tempranilló), roter Garnacha und grauer Garnacha. Die jungen Weine sind frisch und fruchtig; im Fass ausgebaute Rotweine sind in den letzten Jahren auf dem Markt immer beliebter geworden.

**Spiegeleier**
*So einfach Spiegeleier auch sind, so köstlich können sie schmecken. Es kommt nur auf die richtige Zubereitung und die Beilagen an: Bratkartoffeln, rote oder grüne Paprika, rote Paprikawurst, Blutwurst oder Schinken.*

# DIE REZEPTE

## *Caracoles a la palentina*
## Schnecken nach Palencia-Art

**ZUTATEN FÜR 6 PERSONEN**

1½ kg Schnecken
2 reife Tomaten
1 Zwiebel
3 Knoblauchzehen
100 g Schinken
100 g Schweinelende
100 g rote Paprikawurst
1 kleine Chili
Olivenöl
1 Glas Weißwein
Mildes Paprikapulver
Salz
1 TL Pinienkerne
2 hart gekochte Eier
Petersilie

◆ Die Schnecken säubern und in kaltem Wasser zum Kochen bringen. Sie sind gar, wenn das Fleisch ohne Widerstand herausgenommen werden kann. Die Tomaten enthäuten und zerdrücken. Die Zwiebel und die Knoblauchzehen sehr fein hacken.

◆ Den Schinken, die Schweinelende und die rote Paprikawurst in Stücke schneiden.

◆ In einem großen Schmortopf Zwiebel, Knoblauch, Schinken, Lende, rote Paprikawurst und die Chili – nach Belieben im Ganzen oder für mehr Schärfe klein geschnitten – in Öl andünsten. Mit Salz und Paprikapulver abschmecken.

◆ Ist alles schön angebraten, die Schnecken dazugeben, nachdem das Kochwasser gut abgetropft ist, und mit neuem kaltem Wasser aufgießen. Den Wein dazugeben und auf niedriger Hitze fünfundzwanzig Minuten köcheln lassen. Kurz vor dem Ende die fein gehackten Pinienkerne, das zerdrückte Eigelb, das fein gehackte Eiweiß und die sehr fein gehackte Petersilie hineingeben. Alles gut vermischen und dabei den Schmortopf kräftig hin- und herbewegen, weitere drei Minuten köcheln lassen und dann mit Salz abschmecken.

◆ Heiß servieren.

*Der Genuss von Schnecken hat in ganz Kastilien und León eine lange Tradition, allerdings sind sie heutzutage nicht mehr ganz so leicht zu finden.*

*Garbanzos guisados*
# Gekochte Kichererbsen

**ZUTATEN FÜR 6 PERSONEN**

½ kg Kichererbsen
1 Stück Zwiebel
1 Lorbeerblatt
¼ l Olivenöl
frisch gemahlener Pfeffer
1 EL Mehl
1 große Knoblauchzehe
1 Zweig Petersilie
Salz

◆ Am Vorabend die Kichererbsen in lauwarmem Salzwasser einweichen.

◆ Am Tag darauf das Wasser abgießen und die Kichererbsen in sauberem Wasser zusammen mit dem Lorbeerblatt und dem Zwiebelstück zum Kochen aufsetzen.

◆ Sind die Kichererbsen gar, Lorbeerblatt und Zwiebel herausnehmen.

◆ Das Öl in einer Pfanne erhitzen, Pfeffer mit Mehl darin verrühren und kurz angehen lassen; das Ganze anschließend unter die Kichererbsen rühren.

◆ Petersilie und Knoblauch mit etwas Salz zu einem Brei zerstampfen und zu den Kichererbsen geben.

◆ Alles zusammen auf niedriger Hitze köcheln lassen, bis die Brühe gebunden ist.

*Dieses Gericht kann auch mit Gemüse angereichert werden, das je nach Garzeit hinzugefügt wird.*

## *Guisado castellano sin agua*

# Kastilisches Saftgulasch

**ZUTATEN FÜR 6 PERSONEN**

1,8 kg Lamm- oder Kalbfleisch in Stücken
100 ml Olivenöl
350 g Zwiebeln
750 g Tomaten
1 kg Paprikaschoten
1 Knoblauchknolle
12 schwarze Pfefferkörner
1 kg Kartoffeln
Salz

◆ Das Öl, die sehr fein gehackten Zwiebeln, die enthäuteten und in Würfel geschnittenen Tomaten, die Paprika, Samen und Scheidewände entfernt, in Streifen geschnitten, die ganze Knoblauchknolle, die Pfefferkörner und das zuvor mit Salz bestreute Fleisch in einen großen Schmortopf geben.

◆ Den Topf zudecken und sicherstellen, dass er fest verschlossen bleibt. Auf sehr niedrige Hitze, so niedrig wie möglich, stellen, denn es wird kein Wasser hinzugefügt. Den Schmortopf häufig hin- und herbewegen, damit nichts am Boden anhaftet, und um zu helfen, dass der Saft aus dem Fleisch austritt.

◆ Ist das Fleisch gar, die geschälten und in kleine Würfel geschnittenen Kartoffeln dazugeben.

◆ Das *guisado* ist fertig, wenn die Kartoffeln gar sind.

◆ Heiß servieren, ohne das Gericht nochmals aufzuwärmen.

*Damit dieses Gericht gut wird, muss es in einem Schmortopf mit sehr dickem, nicht haftendem Boden zubereitet werden. Außerdem sollte das Fleisch sehr zart und in nicht allzu große Stücke geschnitten sein.*

*Dieses Gericht wird auf sehr niedriger Hitze gekocht, denn ursprünglich wurde es in der ländlichen Küche auf der Feuerstelle am Rand der Kohlenglut oder auf einem Kohleofen an der Seite mitgegart.*

## *Lechazo asado*
# Gebratenes Milchlamm

**ZUTATEN FÜR 6 PERSONEN**

1 Milchlamm, 2,5 kg
1 Lorbeerblatt
¼ Zwiebel
1 Glas Wasser
4 große Knoblauchzehen
2 Zweige Petersilie
1 Glas Weißwein
2 Tassen Olivenöl
75 g Schweineschmalz
Salz

◆ Am Vortag das in zwei Hälften geteilte Milchlamm einsalzen und in eine ofenfeste Form geben. Am Tag darauf mit einem Glas Wasser, einem Lorbeerblatt und dem Zwiebelviertel mit der Haut nach unten in den vorgeheizten Backofen geben.

◆ Unterdessen Knoblauch und Petersilie zerstampfen und mit Öl, Schmalz, Wein und etwas Wasser vermischen.

◆ Nach ungefähr einer Stunde das Lamm wenden, sodass die Haut oben ist, und gut mit der Knoblauchmischung benetzen. Noch ungefähr eine weitere Stunde im Backofen lassen, bis das Lamm zart und die Haut goldgelb und knusprig ist.

◆ Das Gericht kommt in der Backform auf den Tisch; dazu wird ein Kopfsalat gereicht.

◆ Dieses Gericht ist eine Spezialität des Mesón Villasirga. Damit das Gericht gelingt, verwendet Familie Payo Milchlamm von der *churros*-Rasse, einen Holzofen und Pereruela-Keramik zum Braten. Diese Produkte sind nicht nur schön, sondern auch gut gemacht.

*Das ist ein Rezept von Dominga Ortega, der Frau von Pablo Payo vom Mesón Villasirga, Villalcázar de Sirga.*

## *Menestra de verduras palentina*

# Gemüseeintopf nach Palencia-Art

**ZUTATEN FÜR 6 PERSONEN**

150 g mageres Schweinefleisch
200 g Kalbfleisch zum Kochen
1 große Zwiebel
1 Knoblauchzehe
1 Zweig Petersilie
Salz

**Gemüse:**
4 Artischockenböden
750 g frische grüne Erbsen
500 g frische Dicke Bohnen
8 frische weiße Spargelstangen
300 g grüne Bohnen
2 Mohrrüben
3 mittelgroße Kartoffeln
3 spitze rote Paprika

4 gekochte Eier
Mehl
2 frische Eier
Olivenöl
Salz

◆ Die sehr fein gehackte Zwiebel und die zerdrückte Knoblauchzehe mit dem Öl in einen Schmortopf geben. Mit Salz abschmecken. Die Zwiebel bei sehr niedriger Hitze mindestens zwanzig Minuten dünsten. Das in kleine Stücke geschnittene Fleisch dazugeben, sanft anbraten und mit Wasser aufgießen. Kochen, bis es gar ist.

◆ Alle Gemüse putzen und in Wasser gar kochen. Abgießen und beiseite stellen.

◆ Die in der Mitte aufgeschnittenen Artischockenböden in Mehl und Ei wenden und braten.

◆ Zum gekochten Fleisch und Fleischsaft (das Kochwasser dürfte bereits weitgehend verkocht sein) grüne Erbsen, grüne Bohnen, die in Würfel geschnittenen Mohrrüben und Kartoffeln, die Artischockenböden und die Dicken Bohnen dazugeben und alles mit der fein gehackten Petersilie bestreuen. Den Schmortopf hin- und herbewegen, damit die Fleischsauce in die Gemüse ziehen kann. Das Gericht darf nur schwach köcheln.

◆ Die Menestra auf einer vorgewärmten Platte anrichten und mit den Spargeln, den in Streifen geschnittenen Paprika und den in Scheiben geschnittenen gekochten Eiern garnieren.

## *Orejuelas*
# Knusprige Öhrchen

### ZUTATEN

4 Eier
2 EL Schnaps
1 EL Wasser
4 EL Olivenöl
1 TL Zimtpulver
1 gestrichener TL Natron
500 g Mehl und weiteres Mehl nach Bedarf
1 gestrichener TL Trockenhefe
Olivenöl zum Ausbacken
4 EL Zucker
Honig oder Zucker zum Garnieren der *orejuelas*

◆ In eine große Schüssel die ganzen Eier aufschlagen und mit einem Holzlöffel schaumig schlagen. Dann Schnaps, Wasser, Öl, Zimt und Natron dazugeben, ohne mit dem Schlagen aufzuhören.

◆ 500 g Mehl mit der Hefe vermischen und nach und nach zur Eiermischung dazugeben. Dabei kräftig weiterrühren, damit keine Klumpen entstehen. Danach noch so viel Mehl dazugeben, dass ein Teig entsteht, der mit den Händen geknetet werden kann, ohne dass er an den Fingern haftet.

◆ Sobald der Teig glatt und weich ist, eine Kugel formen. Den Teig mithilfe eines Nudelholzes auf dem mit Mehl bestäubten Tisch sehr dünn ausrollen.

◆ Reichlich Öl in eine Pfanne geben und auf mittlerer bis hoher Stufe erhitzen.

◆ Den ausgerollten Teig in ungefähr 3 × 8 Zentimeter große rechteckige Stücke schneiden und im Öl goldgelb und knusprig backen.

◆ Herausnehmen, das Öl gut abtropfen lassen und die gebackenen Öhrchen auf einer großen Platte anrichten.

◆ Mit Zucker bestreuen oder mit leicht erwärmtem, flüssigem Honig benetzen.

**Sahagún**
*Die Stadt Sahagún, zwischen den Flüssen Cea und Valderuey gelegen, ist neben einem Kloster entstanden, das den Heiligen Facundo und Primitivo gewidmet war.*

# León

*... Dann kommt Sahagún, verschwenderisch ausgestattet mit allerlei Arten von Gütern. Hier befindet sich auch die Wiese, von der es heißt, einst ergrünten hier die blitzenden Lanzen, die die siegreichen Krieger zum Ruhm des Herrn in den Boden rammten. Danach kommt Mansilla und dann León, die Stadt, die königlicher Sitz ist, voll von vielerlei Gütern; die nächsten sind Órbigo, die Stadt Astorga, Rabanal mit dem Beinamen „Cativo"; danach der Bergpass Irago, Molinaseca, Ponferrada, Cacabelos und dann Villafranca in der Mündung des Valcarce und Catrosarracín; dann Villaus; danach der Bergpass Cebrero ...*

(Codex Calixtinus)

HEUTE VERLÄUFT DER JAKOBSWEG DURCH:

Sahagún
Calzada del Coto
Bercianos del Real Camino
El Burgo Ranero
Villamarco
Reliegos
Mansilla de las Mulas

Puente de Villarente
Puente de Castro
León
Puente de San Marcos
Santuario de la Virgen del Camino
Villadangos del Páramo
Puente de Órbigo

Astorga
Santa Catalina de Somoza
El Ganso
Rabanal del Camino
Foncebadón

Molinaseca
Ponferrada
Cacabelos
Villafranca del Bierzo
Pereje
Trabadelo
Ambasmestas
Vega de Valcarce
Ruitelán
Herrerías

Der Jakobsweg durch León beginnt bei Sahagún, einem aus vielerlei Gründen sehr wichtigen Ausgangspunkt. Im Jahr 872 gründete Alfons III. das Kloster der Heiligen Facundo und Primitivo, deren sterbliche Überreste an dieser Stätte ruhen. Der Name Sahagún leitet sich von Sant Facund her. In seinem Führer merkt Picaud dazu an: „Auch empfiehlt sich ein Besuch bei den Gräbern der heiligen Märtyrer Facundo und Primitivo, deren Basilika Karl der Große erbaute." In Wirklichkeit hatte Karl der Große keinen Anteil an ihrem Bau. Alfons VI., der die Kluniazenser nach Spanien bringen wollte, machte die Abtei von Sahagún zum Zentrum der Kluniazensischen Reform in Kastilien. Das Hospiz der Abtei bot den Pilgern 60 Betten, 2000 *fanegas* Weizen (ein Trockenmaß, das ungefähr 60 Litern entspricht), und das berühmte Weinfass von Sahagún.

Weiter sollte man in Sahagún die Kirche *San Tirso y San Lorenzo,* in romanischem Mudéjar-Stil, sowie das Heiligtum *de la Peregrina* (der Pilgerin) besichtigen, das früher einmal ein Franziskanerkloster war.

Das Ufer des Flusses Cea ist der Entstehungsort einer der bekanntesten Sagen des Pilgerwegs, die Picaud in seinem Führer wiedergibt. Karl der Große stand dem Maurenkönig Agiolando und seinen Truppen gegenüber. Am Vorabend der großen Schlacht steckten die Christen ihre Lanzen in den Boden und „all jene, die für ihren Glauben als Märtyrer sterben würden", zerbrachen die ihren und bei Tagesanbruch standen sie in voller Blüte und waren „geschmückt mit Rinde und Ästen". In der Schlacht starben vierzigtausend Christen und das Pferd Karls des Großen. Mit seinem Speer Joyosa „zerhackte" der Kaiser „viele Sarazenen". Dennoch lebten gegen Ende des 12. Jahrhunderts auf dem Gebiet von León vier ganz unterschiedliche ethnische Gruppen nebeneinander: Leoner, Franken, Juden und Mauren.

Verlässt man Sahagún auf der Brücke über die Cea, lässt man auch die Tierra de Campos hinter sich und betritt die Gegend, die ihre Bewohner als Tierra de Cantos bezeichnen. Die einsame und raue Einöde entlang der Cea mit dem bewaldeten Höhenzug bedeutete für die Pilger Mühsal und Gefahren.

Bei Calzada del Coto (das zuvor Villa Zacarías hieß) gab es zwei Möglichkeiten: Die eine führte über Calzadilla und die zweite über Bercianos. Auf jedem der beiden Wege kamen die Pilger nach Mansilla de las Mulas.

Folgt man heute der Straße hinter Sahagún, erreicht man Gordaliza del Pino, biegt auf die Landstraße 601 ab, kommt durch Santas Martas und erreicht Mansilla de las Mulas. Lässt man die kleinen Dörfer Calzada, Bercianos und Burgo Ranero links liegen, gelangt man, wenn man Sahagún in südlicher Richtung verlässt, über Reliegos nach Mansilla de las Mulas.

1495 nennt Künig Mansilla eine „Stadt frei von Wegezoll". Manier ist im 18. Jahrhundert der Meinung, es sei „eine wenig bedeutende Stadt, deren Mauern lediglich aus gelber Erde und hoch und stark sind". In Mansilla spielt das literarische Werk „La Pícara Justina", das eine Wirtin zur Heldin hat.

Mansilla de las Mulas wurde 1181 von Ferdinand II., König von León, gegründet. Sein Grundriss ist ein Quadrat, durch das der Jakobsweg mitten hin-

**Die Kathedrale von León bei Nacht. Außenansicht**
*Das beeindruckende Bauwerk gilt als ein Meisterwerk der spanischen Gotik.*

**Die Kathedrale von León**
*Das majestätische Dach der Kathedrale von León. Ihre Glasfenster nehmen eine Fläche von 1800 m² ein. Das Licht, das durch sie einfällt, taucht den Innenraum in sanfte Farben.*

durch führt. Dort, wo die Esla mit der Porma zusammenfließt, erhebt sich das Kloster Sandoval. 15 Kilometer von Mansilla entfernt liegt die Kirche *San Miguel de la Escalada*. Sie ist ein mozarabisches Juwel, das am 20. November 913 geweiht wurde.

Zurück auf dem Pilgerweg geht es durch Puente de Villarente, an dessen Ausgang seinerzeit ein Pilgerhospiz stand, das heute als Restaurant betrieben wird. Dann kommt man nach Alto del Portillo und erblickt schon León. Es geht hinunter nach Puente de Castro, das im 12. Jahrhundert ein bedeutendes jüdisches Zentrum war. Dann gelangt man nach León, eine der gastfreundlichsten Städte für Pilger, die dem Camino besonders eng verbunden war. Unerlässlich in dieser Stadt ist der Besuch der Kirche *Santa Ana María*, bei der es im 12. Jahrhundert einen Friedhof für Pilger und ein Lazarett für Leprakranke gab, sowie die Kirche *Santa María del Camino* aus dem 12. Jahrhundert. Die *Virgen del Camino* (Jungfrau des Pilgerwegs) ist die Schutzpatronin von León. Die königliche Basilika *San Isidoro*, einer der architektonischen Höhepunkte des Pilgerwegs, verdient einen Halt, wie ihn schon Picaud empfiehlt:

> *In León muss man unbedingt das Grab des verehrungswürdigen heiligen Isidors aufsuchen, der Bischof, Beichtvater und Doktor in einem war; er führte für seine Kleriker eine fromme Regel ein, klärte mit seinen Lehren die Spanier auf und ehrte die heilige Kirche mit seinen blühenden Werken.*

Die Kathedrale von León ist ein prachtvolles gotisches Bauwerk, das Glasfenster aus der Zeit vom 13. bis zum 19. Jahrhundert zieren. Daneben erwarten den Besucher die *Virgen Blanca* (die weiße Jungfrau), die *Virgen del Dado* (die Jungfrau des Würfels) und der Apostel Jakobus, gestützt auf eine Säule, die von den Berührungen der Pilger schon ziemlich abgewetzt ist. Zu bewundern gibt es überdies die Figuren im Chor sowie die Reliefs am Grabmal von Bischof Martin, die die Speisung von Armen und Pilgern zeigen; die Jakobuskapelle, die Kapelle der

**Die Basilika San Isidoro**
*Einer der architektonischen Höhepunkte des Pilgerwegs*

*Virgen del Camino* und das Kathedralen- und Diözesanmuseum.

Das Kloster *San Marcos* war einer der Hauptsitze des Jakobusordens. Heute wird es als *Hostal de San Marcos* bezeichnet und gehört zum Netzwerk der *paradores nationales,* der spanischen staatlichen Hotels. Ganz in der Nähe liegt das 1528 erbaute Hospiz *San Marcos,* das wichtigste unter den siebzehn Hospizen, die es zu jenem Zeitpunkt in León gab.

Über die Brücke San Marcos gelangt man in die Kirche der *Virgen del Camino;* sie entstand 1961 und ersetzte eine Kirche aus dem 16. Jahrhundert. Sie gehört zu einem religiös-sozialen Komplex, der seit 1954 von Dominikanern geleitet wird.

Nach dem Abschied von León geht es anschließend durch kleine Dörfer, deren Namen auf den Jakobsweg und die Jungfrau als seine Schutzpatronin anspielen: Valverde de la Virgen, San Miguel del Camino, Villadangos del Páramo und San Martín del Camino. Schließlich erreicht man Hospital de Órbigo. Seinerzeit gab es hier, wie schon sein Name andeutet, das Pilgerhospiz San Juan. Das Bedeutendste in diesem Ort ist jedoch seine Brücke mit ihren neunzehn Bögen. Auf dieser Brücke fand die bekannte Episode mit dem *Paseo Honoroso,* dem „Ehrengang" von Suero de Quiñones im heiligen Jahr 1434 statt. Aus Liebe zu seiner Dame veranstaltete er hier vom 10. Juli bis zum 10. August mehrere Turniere. Don Suero besiegte alle Kämpfer. Em Ende hatte er 166 Lanzen zerbrochen, außerdem gab es viele Verletzte und Verwundete sowie einen Toten, Ritter Esberte de Claramente aus Aragón. Zum Schluss nahm Don Suero die goldenen, mit blauen Lettern geprägten Spangen ab, die er zu Ehren seiner Dame am

**San Isidoro in León. Ein Kapitell**
*Filigrane Ornamentik in Stein. Sie besteht aus Flechtwerk, Schachbrettmuster und mythologischen Szenen.*

**Der Panteón Real (Königliche Gruft). Ein Detail**
*Diese Fresken gelten als die wichtigsten Beispiele für die westliche Romanik in Spanien.*

Arm trug, und ritt nach Santiago, wo er sie übergab. Bis zum heutigen Tag werden sie im Reliquienmuseum der Kathedrale von Santiago aufbewahrt.

Mit der Erinnerung an diese Schlacht aus Liebe betritt der Pilger das berühmte und geheimnisvolle Gebiet der Maragatería. In Astorga gab es im Mittelalter zwei jüdische Viertel, ein Frankenviertel sowie zwei Laienbruderschaften: eine französische (Rocamador) und eine englische (St. Thomas of Canterbury). Die Besichtigung dieser Stadt beginnt schon außerhalb, damit man ihre Mauern, die Kathedrale und Bischofspalast umgeben, würdigen kann.

Die Kathedrale *Santa María* beherbergt in ihrem Inneren den als Pilger gekleideten Apostel. Im Bischofspalast, Ende des 19. Jahrhunderts von Gaudí entworfen, befindet sich das *Museo de los Caminos* (Museum der Pilgerwege).

Auf der Playa Mayor sticht das Rathaus aus dem 17. Jahrhundert ins Auge. Es ist von einer Uhr gekrönt, die zwei bekannte Persönlichkeiten der Gegend, Juan Zancudo und Colasa, zieren. Diese „schlagen die Stunden, aber nicht die Viertel", was auf die angebliche Knausrigkeit der Bewohner anspielt. Die Stadt verfügte über bis zu 22 Hospize für Pilger. Bis heute hat sich davon das Hospiz *de las Cinco Llagas* (Hospiz der fünf Wunden) erhalten (hier wurden fünf Hospize umgebildet) und das Hospiz *San Juan* bei der Kathedrale.

Lässt man Astorga hinter sich, kommt man durch Valdeviejas und Murías de Rechivaldo. Hinter diesem Dorf führt eine Abzweigung nach Castrillo de los Polvazares, einem Kleinod von Dorf in der Maragatería, dessen Besuch der Mühe wert ist. Concha Espina hat diesen Ort für ihren Roman *La esfinge maragate* (Die Sphinx aus der Maragatería) gewählt. Die nächsten Dörfer auf dem Pilgerweg sind Santa Catalina de Somoza, das seinerzeit ein der *Virgen de las Candelas* (Jungfrau der Kerzen) geweihtes Hospiz besaß, und El Ganso, in dem sich mehrere *teitadas* erhalten haben, volkstümliche Bauten mit dem klassischen Strohdach auf Mauern aus Bruchsteinen.

In Rabanal del Camino beginnt eine schwierige Etappe für den Pilger, der zu Fuß unterwegs ist. Nachdem er jedoch die Bergzüge von León überwunden hat, wird das Gelände sanfter, sobald er El Bierzo erreicht hat. Rabanal kennzeichnet den Aufstieg zum Irago-Berg, auf dem die Pilgerquelle liegt.

Heutzutage ist Foncebadón nicht mehr als eine Anhäufung von Ruinen, seinerzeit besaß es jedoch ein Hospiz, eine Herberge und eine Kirche, alle das

**Der Palast San Marcos**
*Ursprünglich im 12. Jahrhundert gebaut und im 16. rekonstruiert. Er steht für die erste Phase des Platereskenstils.*

**Das Kloster San Marcos**
*Ein Teil der Fassade mit Jakobosmuscheln, dem Wahrzeichen des Jakobswegs.*

**Das Hospiz in Órbigo**
*In Órbigo stand ein Pilgerhospiz mit dem Namen San Juan.*

Werk des Eremiten Gaucelmo, dem Alfons VI. das Sagen über den Ort gab. In einer Entfernung von einem Kilometer liegt der Foncebadón- oder Irago-Pass, mit dem das Gebiet der Maragatería endet und der Landstrich von El Bierzo beginnt. Auf seinem Gipfel erhebt sich das bescheidenste Denkmal des gesamten Pilgerwegs: das Eisenkreuz, seinerzeit von Gaucelmo aufgestellt, um den Pilgern die Orientierung zu erleichtern. Es ist ein langer Holzpfosten, der in einem Kreuz aus oxidiertem Eisen ausläuft. Der Pfosten ist in einen künstlichen Hügel geschlagen, aufgeschichtet aus Steinen, die Pilger und auch galicische Schnitter, die zum Arbeiten nach Kastilien wanderten, dort liegen ließen. Ganz nahe bei diesem historischen Kreuz wurde 1982 eine kleine, dem Apostel Jakobus geweihte Einsiedelei errichtet.

Damit kommt man nach El Bierzo, einem fruchtbaren Landstrich mit einigen Besonderheiten. Schon seit westgotischer Zeit fanden hier Einsiedler und Mönche Zuflucht. Sie gaben sich der Buße und Frömmigkeit hin und verwandelten diesen kleinen Landstrich in León in eine Art Theben (das antike Theben war eine Wüste, in der sich zahlreiche Einsiedler niederließen). Aus den hier gegründeten Klöstern gingen Gestalten wie der heilige Valerio und der heilige Fructuoso hervor, die dank ihrer Tugenden und ihres frommen Lebens ganzen Generationen von Mönchen als Vorbilder dienten. Über zwanzig Klöster – in ihrer Mehrheit existierten sie bereits im 10. Jahrhundert – erheben sich stolz in der Region.

Folgt man dem Pilgerweg weiter, kommt man durch unbewohnte Dörfer wie Manjarín und Labor del Rey. In Acebo kann man ein schönes Beispiel der Architektur von El Bierza bewundern: Häuser mit Außentreppen und Schieferdächern. In diesem malerischen Dorf errichtete der heilige Fructuoso im 7. Jahrhundert sein erstes Kloster, das bis ins 12. Jahrhundert dort stand. Eine weitere Attraktion des Dorfes ist die berühmte Schmiede von Compludo, deren Hammer hydraulisch angetrieben wird. Einige halten das für eine Erfindung des Mittelalters, andere datieren sie ins 19. Jahrhundert.

**Der Bischofspalast in Astorga**
*Ein Werk von Gaudí, Ende des 19. Jahrhunderts entworfen. Das Bauwerk wurde nie als Palast genutzt; heute beherbergt es das Museum der Pilgerwege.*

**Castrillo de los Polvazares**
*Nachdem man Astorga verlassen hat und durch Murías de Rechivaldo gezogen ist, muss man einen Abstecher machen, will man dieses wunderschön erhaltene Dorf in der Maragatería aufsuchen. Hier verlangt es die Tradition, vom „Cocido maragato“ zu kosten.*

22

**Das Eisenkreuz in Foncebadón**
*Am Foncebadón-Pass, auch Irago-Pass genannt, endet die Maragatería und beginnt El Bierzo. Dieses bescheidene Kreuz, das jedoch auf eine ehrwürdige Tradition zurückblicken kann, wurde von Gaucelmo errichtet.*

**Compludo**
*In El Acebo steht die berühmte Eisenschmiede von Compludo, die wie ein hydraulisch angetriebener Hammer funktioniert. Die mittelalterlich anmutende Werkstatt ist heute noch in Betrieb.*

**Die Brücke in Molinaseca**
*Ein hübsches Dorf, in dem Bauten aus Schiefer einträchtig neben barocken Herrensitzen stehen. Von 1521 bis zum 19. Jahrhundert gab es hier ein Hospiz. Die Pilger kamen und gingen über diese Brücke.*

# DIE REZEPTE

## *Cocido maragato*
## Eintopf aus der Maragatería

**ZUTATEN FÜR 6 PERSONEN**

Für das Fleisch und die Suppe:
600 g Kichererbsen
2 Schweinsohren
2 Schweinsfüße
600 g gepökelte Schweinsrippchen
600 g durchwachsener Speck (roh oder gepökelt)
½ Hühnchen
600 g Lammfleisch
Nudeln oder geröstete Brotscheiben für die Suppe (nach Belieben)

**Für das Gemüse:**
1 kg Weißkohl
3 Kartoffeln
3 *chorizos* (rote Paprikawürste)
1 kg Blutwurst
Olivenöl
Knoblauch (Menge nach Geschmack)

**Für die Fleischfladen:**
400 g Kalbfleisch, durch den Fleischwolf gedreht
300 g Schinken, fein gehackt
1 *chorizo,* enthäutet und klein gehackt
Fein gehackte Petersilie
1 zerdrückte Knoblauchzehe
3 Eier, verschlagen
Salz
Semmelbrösel (Menge nach Bedarf)
Öl zum Braten

◆ Die Kichererbsen über Nacht in leicht gesalzenem Wasser einweichen. Am Tag darauf in einem sehr großen Topf die Schweinsohren und -füße, Rippchen und Speck, das Suppenhuhn und das Lammfleisch in reichlich Wasser zum Kochen aufstellen.

◆ Bei geschlossenem Deckel auf mittlerer Hitze eineinhalb Stunden kochen. Dann die Kichererbsen dazugeben und sanft köcheln lassen, bis die Kichererbsen gar sind.

◆ Inzwischen getrennt davon den zerkleinerten Weißkohl und die ganzen geschälten Kartoffeln kochen. Kurz bevor sie gar sind, die Blutwürste und *chorizos* dazugeben. Ist alles gar, das Wasser abgießen und die Zutaten in etwas Öl mit einigen Knoblauchzehen anbraten.

◆ Sobald die Kichererbsen gar sind, fast die gesamte Brühe vom Kochen in einen Topf umgießen und damit die Suppe mit Nudeln oder gerösteten Brotscheiben zubereiten. Fünf Minuten, bevor die Suppe fertig ist, den Kohl dazugeben und kurz in der Suppe ziehen lassen.

◆ Für die Fleischfladen Hackfleisch, Schinken, *chorizo,* Petersilie und Knoblauch gut vermischen und die Eier unterrühren. So viele Semmelbrösel dazugeben, dass sich ein formbarer Teig bildet. Mit Salz abschmecken. Aus dem Fleischteig sechs große, längliche Fladen formen und im heißen Öl goldgelb anbraten. Dann fünf Minuten in der Suppe kochen.

**Servieren des Cocido:** Als ersten Gang serviert man alle Fleischsorten, den zweiten Gang bilden Weißkohl, Kartoffeln, die Blutwürste und *chorizos,* die Kichererbsen und Fleischfladen und zuletzt als krönender Abschluss kommt die Suppe auf den Tisch.

*Die Rezepte für diesen reichhaltigen Eintopf lassen der Fantasie und dem Geldbeutel der Köche viel Spielraum. Die Suppe enthält bisweilen neben Nudeln oder Brot auch „chorizo“, Schinken, hart gekochte Eier … Nach Aussage von Fachleuten „muss sich die Suppe mit einem Löffel schneiden lassen“.*

# *Judías blancas guisadas*
# Gekochte weiße Bohnen

**ZUTATEN FÜR 6 PERSONEN**

800 g weiße Bohnen
600 g gesalzener und getrockneter Vorderschinken
1 Schweinsohr
500 g gekochte und geräucherte Rindswurst
3 Blutwürste
2 Kartoffeln, geschält
Salz

◆ Die Bohnen über Nacht in kaltem Wasser einweichen. Am Tag darauf in frischem kaltem Wasser zum Kochen aufsetzen und, wenn sie aufkochen, abgießen. Mit frischem kaltem Wasser bedecken, aufkochen und sanft köcheln lassen, bis sie gar sind. Mit Salz abschmecken und einen Spritzer Öl dazugeben. Während des Kochens, falls nötig, wiederholt kaltes Wasser in kleinen Mengen dazugeben.

◆ Währenddessen den Vorderschinken in einem anderen Topf kochen.

◆ In einem dritten Topf das Schweinsohr und die beiden ganzen Kartoffeln aufsetzen und auf mittlerer Hitze kochen lassen. Etwa 10 Minuten bevor das Schweinsohr gar ist, Rindswurst und Blutwürste hinzugeben und auf niedriger Temperatur mitköcheln. Mit Salz abschmecken.

◆ Die Bohnen in einer Suppenterrine und das klein geschnittene Fleisch auf einer Platte gemeinsam servieren.

*Man kann das Fleisch auch schon am Vortag kochen und am Tag darauf die Bohnen in der kalten Kochbrühe vom Fleisch gar kochen. Nach Belieben kann man eine Knoblauchknolle im Ganzen mitkochen.*

## *Mantecadas de Astorga*

# Schmalzgebäck aus Astorga

**ZUTATEN**

½ kg Mehl
½ kg Zucker
½ kg Schweineschmalz
12 Eier
½ TL gemahlener Zimt und Zimt zum Bestäuben (nach Belieben)

◆ In einem tiefen Behälter und nahe einer Wärmequelle das Schmalz zusammen mit dem Zucker schlagen, bis eine glatte, weißliche Mischung entsteht. Nacheinander die ganzen Eier unter ständigem Schlagen dazugeben. Zimtpulver und Mehl hineingeben und alles gut verrühren, damit sich keine Klumpen bilden. Einige Minuten ziehen lassen.

◆ Unterdessen ein paar quadratische oder rechteckige eingefettete Papierformen auf ein Backblech setzen. Zu zwei Dritteln mit dem Teig füllen, bei mittlerer Hitze in den Backofen schieben und zehn Minuten backen.

◆ Herausnehmen und abkühlen lassen, bevor die *mantecadas* zum Aufbewahren in eine Blechdose gegeben werden. Nach Belieben mit etwas gemahlenem Zimt bestäuben.

# *Pastel de castañas*
# Kastanienkuchen

**ZUTATEN**

½ kg Kastanien
1 Glas Milch
1 Prise Salz
1 Stückchen Vanille
60 g zerlassene Butter
80 g Puderzucker
4 Eigelb
3 Eiweiß

◆ Die Kastanien schälen und in der Milch mit Salz und Vanille weich kochen.

◆ Pürieren und die Butter und den Puderzucker unter kräftigem Schlagen darunter mischen. Nacheinander erst die Eigelbe und zum Schluss das zu Eischnee geschlagene Eiweiß darunter ziehen.

◆ Eine runde Form mit Butter einfetten und die Mischung hineingeben; mit etwas Puderzucker bestäuben. Im Backofen bei mittlerer Hitze im Wasserbad backen, bis der Kuchen gar ist.

*Dieser Kuchen schmeckt noch besser, wenn er mit Schlagsahne garniert wird.*

## *Perdices montañesas*
# Rebhuhn in Trester

**ZUTATEN FÜR 6 PERSONEN**

6 Rebhühner
100 g Schweineschmalz
2 Mohrrüben
3 Knoblauchzehen
1 Zweig frischer Thymian (oder 1 TL getrockneter Thymian)
1 kleines Lorbeerblatt
1 Zwiebel
2 Tomaten
1 Glas Weißwein
1 Tasse Weintrester
100 g Butter

◆ Nach dem Säubern die Rebhühner mit Küchengarn binden, damit sie nicht auseinander fallen, und in eine breite Tonform geben. Mit Salz einreiben und mit Schmalz bestreichen.

◆ Die in Scheiben geschnittenen Mohrrüben, die zerdrückten Knoblauchzehen, Thymian und Lorbeer, die fein geschnittene Zwiebel, die enthäuteten und fein geschnittenen Tomaten, das Glas Weißwein und die Tasse Weintrester in die Form geben.

◆ Im Backofen bei mittlerer bis starker Hitze braten, bis sie innen zart und außen knusprig braun sind.

◆ Die Rebhühner auf einer Platte anrichten und das Garn entfernen.

◆ Ein kleines Glas Wasser in die Form geben und die Bratreste vom Boden schaben. Die Sauce durch ein Sieb seihen und die Butter unterrühren.

*Als Beilage eignet sich festes Kartoffelpüree oder gebackene Kartoffeln und grüner Salat.*

## *Tronco eclesiástico de fresas*
# Biskuitrolle mit Erdbeeren

**ZUTATEN FÜR 6 PERSONEN**

300 g Zucker
4 Eier
300 g Mehl

**Für die Cremefüllung:**
3 Eier
250 g Zucker
150 g Mehl
½ l Milch
abgeriebene Schale von 1 unbehandelten Zitrone
Zimt
1/2 kg Erdbeeren

**Für die Glasur:**
1 Tafel Kuvertüre
50 g Butter

◆ Die Eigelbe mit dem Zucker zu einer cremigen Masse schlagen.

◆ Nach und nach das zuvor gesiebte Mehl unterrühren.

◆ Das zu Eischnee geschlagene Eiweiß behutsam unterziehen.

◆ Ein Backblech mit Pergamentpapier auslegen und dieses mit Butter einfetten (oder Backpapier verwenden). Den Teig gleichmäßig darauf verteilen und bei mittlerer Hitze (175 °C) zehn bis fünfzehn Minuten backen.

◆ Aus dem Backofen nehmen. Das Papier behutsam abziehen und dann den Biskuit in dasselbe Papier einrollen, damit er vor dem Erkalten die richtige Form bekommt.

◆ **Für die Füllung:** Die Eier mit dem Zucker schaumig schlagen. Erst das Mehl dazugeben und gut verrühren, dann die zuvor erhitzte Milch. Die Zitronenschale hinzufügen und bei niedriger Hitze unter ständigem Rühren mit einem Holzlöffel zum Kochen bringen. Etwas abkühlen lassen.

◆ Inzwischen die Teighülle auseinander rollen und mit den gewaschenen und in dicke Scheiben geschnittenen Erdbeeren belegen. Anschließend die Cremefüllung über die Erdbeeren geben und behutsam verstreichen; zum Schluss die Oberfläche mit Zimtpulver bestreuen. Den Biskuit wieder aufrollen und auf eine große Platte legen; dann mit der Schokoladenglasur begießen.

**Für die Glasur:** Im Wasserbad die Tafel Kuvertüre zum Schmelzen bringen und das Stück Butter dazugeben. Gut verrühren, damit die Glasur glänzend und weich wird. Die Glasur vor dem Erkalten vorsichtig über die Biskuitrolle gießen, sodass diese ganz von der Schokolade bedeckt ist. Nach Belieben mit den Zacken einer Gabel ein paar Eindrücke machen, die wie ein Baummuster aussehen.

**Herberge in Puerto O Cebreiro**
*Die Herberge trägt den Namen Saint Gérard de Aurillac, denn Alfons VI. setzte die Mönche der gleichnamigen französischen Abtei als Verwalter von Hospiz und Kloster in O Cebreiro ein. Das Kloster wurde im 9. Jahrhundert gegründet.*

# LUGO

*. . . danach der Pass auf dem Cebrero-Berg und auf seinem Gipfel das Hospiz; dann Limares del Rey und Triacastela am Hang desselben Berges, schon in Galicien, der Ort, an dem die Pilger einen Stein nehmen und ihn bis Castañeda mittragen, um für Kalk für die Arbeiten an der Basilika des Apostels zu sorgen. Dann kommen San Miguel, Barbadelo, Puertomarín, Sala de la Reina, Palas de Rey . . .*

(Codex Calixtinus)

HEUTE VERLÄUFT DER JAKOBSWEG DURCH:

Puerto de Piedrafita
O Cebreiro
Linares
Hospital de la Condesa
San Juan de Padornelo
Fonfría del Camino
Biduedo
Triacastela
Samos
Sarria
Santiago de Barbadelo
Paradela
Portomarín
Vilar de Donas
Palas de Rei
Castromayor
San Julián del Camino
San Pedro de Meixide

Über Galicien und seine Bewohner merkt Picaud Folgendes an:

> *Dann kommt das Land der Galicier [. . .] Es ist ein dicht bewaldetes Land, mit Flüssen, Wiesen, außergewöhnlichen Obstgärten, guten Früchten und ungemein klaren Quellen; aber mit wenigen Städten, Dörfern und Ländereien für den landwirtschaftlichen Anbau. Es ist arm an Weißbrot, Weizen und Wein, hat dafür aber viel Roggenbrot und Cidre, ist gut ausgestattet mit viel Vieh und Pferden, mit Milch und Honig und mit großen und kleinen Meeresfischen; es ist reich an Gold, Silber, Stoffen, Leder vom Wild und anderen Reichtümern und auch versehen mit reichlich sarazenischen Reichtümern. Die Galicier sind das Volk, das unter den übrigen unkultivierten Völkern Spaniens unserer gallischen Nation am meisten ähnelt, abgesehen von der Tatsache, dass sie jähzornig und streitsüchtig sind.*

Die erste Begegnung mit Galicien könnte kaum spektakulärer sein. Der Piedrafrita-Pass mit einer Höhe von 1293 Metern gilt unter den Pilgern als einer der schwierigsten Pässe, vor allem im Winter. Auf seinem Gipfel ist die Aussicht dann aber geradezu umwerfend: auf der einen Seite El Bierzo und auf der anderen die Provinz Lugo. Für die Pilger wurde hier ein Hospiz geschaffen, das Alfons VI. den Mönchen der französischen Abtei Saint Gérard de Aurillac unterstellte. Ihnen wurden Privilegien eingeräumt wie das beliebige Weiden von Tieren; außerdem waren die Mönche von allen Steuerzahlungen für ihren Besitz in Villafranca del Bierzo, in León, befreit. Im 15. Jahrhundert kam das Hospiz unter die Herrschaft des Klosters San Benito de Vallodolid, in dessen Händen es bis zum 19. Jahrhundert blieb; dann verschwand es mit der Säkularisierung 1854. Die Einrichtung, die sich mit besonderer Sorgfalt um die Pilger kümmerte, genoss großes Ansehen. Cebreiro wurde durch eine Sage bekannt, die in verschiedenen Versionen unter Erzählern wie Pilgern kreiste:

> *Bei der Feier des heiligen Abendmahls in der Kirche von Cebreiro überkamen den zelebrierenden Geistlichen Zweifel, als er die heilige Hostie weihte, ob sie wirklich das enthielt, was er mit seinen Worten ausdrückte; auf der Stelle „wurde ihm jenseits jedes Zweifels vor Augen geführt, was sich unter ihr verbarg", denn die Hostie verwandelte sich sichtbar in schieres Fleisch und der Wein in natürliches und wirkliches Blut.*

In der Kirche *Santa María la Real* kann man einen Kelch, eine Patene und einen Reliquienschrein besichtigen, Geschenke der Katholischen Könige, die an das Wunder von Cebreiro erinnern sollen.

In dem Dorf O Cebreiro werden einige *pallozas*, typisch keltische Behausungen, gezeigt. Ihr Grundriss ist rund, die Wände sind aus Bruchsteinen und das Dach besteht aus einer Art geflochtener Strohdecke, *bálago* genannt.

In Linares, das im Codex Calixtinus Linar Rege heißt, sollte man unbedingt die Kirche *San Esteban*

**Das Kloster in Samos. Außenansicht**
*Es ist eines der ältesten Klöster im gesamten christlichen Westen. Der Name des Ortes geht auf Samanos, noch aus westgotischer Zeit, zurück.*

**Das Kloster in Samos. Innenansicht**
*Der Kreuzgang im Renaissance-Stil, einer der größten in einem Kloster überhaupt, entstand durch eine Erweiterung des ursprünglichen Kreuzgangs.*

aufsuchen; sie stammt aus der Zeit vor 1120 und weist über der Tür eine Jakobsmuschel auf. Nachdem der Pilger Alto de San Roque hinter sich gelassen hat, gelangt er zum *hospital de la Condesa.* Wie schon der Name besagt, stand hier Ende des 9. Jahrhunderts das Hospiz der Gräfin, von dem ebenfalls nichts erhalten ist. Dagegen steht die Kirche aus dem Jahr 1130 nach wie vor.

Es geht weiter auf dem Pilgerweg bis nach San Juan de Padornelo, wo die Johannitergemeinde im 15. bis 16. Jahrhundert die Kirche *Santa María del Poyo* baute, die heute in einen überdachten Friedhof umgewandelt ist. Dann geht es hinauf nach Alto del Poyo und wieder hinunter bis nach Fonfría del Camino. Hier existierte bis zum 19. Jahrhundert das Kloster *Sancti Spiritus* (Heiliger Geist), in dem man die Pilger betreute und ihnen Licht, Wasser, Salz und ein Bett mit zwei Decken gab. Waren sie krank, erhielten sie ein Ei, Brot und Speck. Im Ort hat sich ein Abschnitt des alten Pflasters des Jakobswegs erhalten, der aus kleinen Quarzitblöcken besteht. Auf dem Weg gelangt man nun zum Gipfel von San Pedro de Viduedo (Biduedo); hier gab es ein weiteres Priorat des Johanniterordens, der sehr reich war. Von Biduedo führt der Jakobsweg nach Ramil, kommt

**Die Kirche San Nicolás in Portomarín**
*Die Kirche der Tempelritter von Jerusalem ist eines der symbolträchtigsten Denkmäler am ganzen Jakobsweg.*

**Kreuzgang in Vilar de Donas**
*Der Name „Donas“* (doñas, *Frauen/Damen) kommt von einem Frauenkloster im 10. Jahrhundert, das von Arias de Monterroso und seiner Gemahlin gegründet wurde.*

**Vilar de Donas**
*Grabplatten der Ritter des Jakobsordens. Die Mitglieder dieses Ordens nahmen hier das Ordenskleid an; sie lebten hier und konnten auch hier begraben werden.*

aber vorher durch Foyilevar und Los Pasantes, bevor es von dort nach Santiago de Triacastela geht.

In Triacastela gab es ein Kloster und die Kirche *San Pedro y San Pablo* (Peter-und-Pauls-Kirche). In der 1790 wieder aufgebauten Santiago-Kirche befindet sich in der zentralen Mauernische des Hauptaltars ein Bild von Jakobus als Pilger. Es ist belegt, dass viele Pilger am Ausgang des Dorfes einen Kalkstein mitnahmen, um ihn bis nach Castañeda zu tragen, einer sechs Kilometer von Arzúa, das schon in La Coruña liegt, entfernten Ortschaft. In Casteñeda standen die Kalköfen, in denen die Bausteine für die Kathedrale von Santiago hergestellt wurden.

Der klassische Fußgängerweg, der nach Sarria führte, ist ziemlich weit entfernt von der heutigen Landstraße. Nachdem die mittelalterlichen Pilger Triacastela hinter sich gelassen hatten, wanderten sie durch folgende Orte: Balsa-San-Gil-Montán, Lousada, Furela, Pintín, San Mamed del Camino, San Pedro del Camino und Sarria.

Entscheidet man sich, wenn man Triacastela verlassen hat, für die Landstraße, führt der Weg über: San Cristóbal, Lusio, Renche, Lastres, Freituje, San Martín, Samos, Teiguin, Frolláis und Sarria.

Die Santiago-Kirche in Freituje ist ein Geschenk von Papst Paul III. im Jahr 1528 an das Kloster Samos, damit es sich „um die Versorgung der Pilger, die auf der Wallfahrt zum Grab des Apostels vorbeiziehen, kümmere, mit allem Nötigen und mit Wein". Der nächste Halt ist im Tal mit dem Kloster Samos, das eine Fläche von über einem Hektar einnimmt. Es wurde im 6. Jahrhundert nach den Ordensregeln des heiligen Fructuoso gegründet. Im 10. Jahrhundert belebte sich dank der Ankunft einiger Mönche aus San Juan de la Peña das damals ziemlich brachliegende Leben im Kloster neu unter den Regeln des Benediktinerordens. Später, im 12. Jahrhundert, übernahm es die Ordensregeln von Cluny. Nach der Säkularisierung tragen die Benediktiner seit 1880 wieder die Verantwortung für das Kloster. In diesem Kloster lebte Pater Feijoo und hier verfasste er einige seiner Werke. Die Pilger, die im Speisesaal aßen, durften bis zu drei Tage im Hospiz bleiben. Zu essen bekamen sie das Gleiche wie die Mönche. Handelte es sich bei den Pilgern um Priester oder „angesehene Persönlichkeiten", gab man ihnen Bett und Tisch direkt im Kloster; die normalen Pilger wurden dagegen in einem Haus im Dorf Samos untergebracht.

Heute wird im Kloster nach eigenem Rezept der Likör Pax hergestellt, der an der Pforte zusammen mit Honig angeboten wird, auch dieser ein Produkt der Mönche. Daneben werden hausgemachte Nudeln angeboten, die von den Benediktinerinnen des Klosters *de la Transfiguración del Señor* (Kloster der Wandlung des Herrn) stammen. Jeder Pilger, der möchte, kann im Chor mitsingen.

Der Weg führt nun weiter nach Sarria. Domenico Laffi beschreibt so: „Man kommt in eine wunderschöne, fruchtbare Ebene, mit vielen Früchten, mit vielen Häusern und Gemüse- und anderen Gärten; man schreitet über einen Fluss mit vielen Mühlen, dann geht es ein wenig hinauf und schon ist man in Sarria." Andere Dokumente von Wanderern sprechen von dem reichlichen Angebot an Fleisch in Sarría und den wenigen Bewohnern.

Im Dorf Sarria sollte man unbedingt der Kirche *San Salvador* einen Besuch abstatten. Es ist bekannt, dass im 18. Jahrhundert Pilgern, die von Santiago zurückkehrten und von ihrer Pilgerreise berichteten oder ein schriftliches Zeugnis vorlegten, das besagt, sie seien in Santiago gewesen, ein Geschenk überreicht wurde. Dieser Brauch wird bis zum heutigen Tag gepflegt. Er erstreckt sich auf alle Pilger, die den Weg zu Fuß, zu Pferd oder mit dem Fahrrad zurücklegen. Kranke Pilger wurden von einem Chirurgen und einer Pflegerin medizinisch betreut. Ende des 18. Jahrhunderts wurde diese Krankenstation aufgelöst. Ganz in der Nähe der heutigen Lazarus-Kapelle gab es auch eine Station für Leprakranke.

Ein weiterer Pflichtbesuch sollte dem Magdalenen-Kloster gelten, das heute von den Barmherzigen Brüdern bewohnt wird. Das Kloster wurde im 13. Jahrhundert von zwei italienischen Augustinern gegründet. Man half hier den Pilgern mit Almosen, Bett, ärztlicher Betreuung und dem Spenden der Sakramente. Geht man von der Kirche des Klosters nach unten, kommt man nach Áspera, dessen Brücke mit einem einzigen Bogen den Fluss Celeira überspannt.

Weiter gelangt man nach Santiago de Barbadelo, in dem es ein Kloster gab, das sich im 11. Jahrhundert Samos anschloss. Auch ein Pilgerhospiz gab es hier. Von der Anlage ist nur die inzwischen baufällige Kapelle, das *mosteiro* erhalten sowie das Haus des Rektors, auch Priorat genannt.

In Paradela muss man unbedingt die Kirche *San Miguel* aus dem 12. Jahrhundert sehen, um deren Glockengeläut sich eine Sage rankt. Nahe der Kirche befindet sich das *cruceiro* (Kreuz) von Paradela, das als eines der schönsten in ganz Galicien gilt.

**Castillo di Pambre**
*Gemäß der Überlieferung überfielen die Bewohner dieser Burg die Pilger.*

Bevor man nach Portomarín gelangt, kommt man durch Ferreiros mit der Ruine einer romanischen Kirche und einem Johanniterpriorat. Die Mönche von Samos hatten in diesem Ort eine Eisenschmiede eingerichtet, in der „Nägel hergestellt wurden, mit denen die Brüder ihre Schuhe verstärkten".

Portomarín, das schon seit dem 9. Jahrhundert fest zum Jakobsweg gehörte, war bei den Römern als Pons Minei, Portus Minei oder Pase del Miño bekannt. Die Jakobsritter bauten hier ein Hospiz, das unter dem Namen *Domus Dei* oder „Haus Gottes" bekannt war. Im 12. Jahrhundert wurde die Brücke von Pedro dem Pilger wieder aufgebaut, nachdem sie Doña Urraca in ihrem Kampf gegen ihren Mann, Alfons den Kämpfer, hatte zerstören lassen.

Einst gab es hier ein Kloster mit dem Namen *Santa Cruz de Loyo*, von dem nur noch einige Überreste erhalten sind. Die Weingärten daneben liefern den bekannten Traubenschnaps von Portomarín – der beste in Galicien und einer der besten in ganz Spanien.

Die Altstadt von Portomarín wurde 1962 an einen anderen Ort in der Nähe versetzt, bevor der Ort im Wasser des Belesar-Staudamms verschwand. Auch die romanische Kirche *San Juan* aus dem 12. Jahrhundert, heute unter dem Namen Pfarrkirche *San Nicolás* bekannt, wurde Stein um Stein abgetragen. Allerdings erfolgte ihr Wiederaufbau nicht nach dem orthodoxen Kanon, demzufolge die Apsis nach Jerusalem (Osten) gerichtet ist und die Fassade nach Finisterrae (Westen).

Von Portomarín nach Palas de Rei fällt eine Strecke der Landstraße mit dem Jakobsweg zusammen, aber die motorisierten Pilger fahren durch Tojibo,

Gonzar, Castromayor, Hospital de la Cruz, Montecalvo und Alto del Rosario, von wo aus man den Pico Sacro und Palas de Rei erblickt.

In Montecalvo erreicht man über einen Abstecher das Kloster *Vilar de Donas*. Außerdem ist die Pfarrkirche *San Salvador* zu sehen, die im 12. Jahrhundert die Kirche eines Mönchsklosters und das Kapitelhaus war, in dem man die Herren vom Jakobsorden aus Galicien begrub. Die Hauptkapelle der Kirche schmücken bedeutende gotische Bilder.

Die Pilger, die zu Fuß gehen, kommen hinter Hospital de la Cruz, bevor sie nach Palas de Rei gelangen, durch Ventas de Narón, Prebisa, Pazo de Lameiros, Ligonde – ein traditionsreicher Pilgerort –, Portos, Lestedo, Breo und Alto del Rosario.

Palas de Rei ist gleichsam ein Mosaik romanischer Architektur: Es hat nicht weniger als siebzehn Kirchen! Bei San Julián del Camino trifft man auf die Festung Felpo-Castillo de Pambre, deren Bewohner die Pilger überfallen und ausgeraubt haben sollen, und schließlich kommt man zum Palast von Villamayor de la Ulloa, der einer der angesehensten Familien in der Gegend gehört.

Um die Burg von Pambre rankt sich eine historische Romanze: Ein französischer Ritter, ein Jakobspilger, wurde im Schloss betreut und gepflegt, nachdem er bei einem Überfall durch Banditen verletzt worden war. Der Burgherr hatte zwei Töchter, die sich beide in den französischen Pilger verliebten. Er aber entschied sich für die jüngere Schwester, die er nach der Hochzeit mit sich nach Frankreich führte. Die ältere Schwester blieb allein in der Burg zurück und wachte vom Turm aus über den Weg, den ihr Geliebter mit ihrer Schwester eingeschlagen hatte, im Vertrauen darauf, dass er eines Tages zurückkehren würde. Da diese Rückkehr niemals stattfand, fand man sie eines Tages, wie sie vor Sehnsucht gestorben war, die Augen fest auf den Weg geheftet, auf dem sie ihre große Liebe hatte fortgehen sehen.

Von der Pfarrkirche San Tirso, 873 erbaut, ist nichts mehr erhalten. Einige mittelalterliche Häuser stehen jedoch noch heute; an einem ist sogar eine Jakobsmuschel zu sehen. Palas de Rei ist der letzte Ort in Lugo, bevor es in die Provinz La Coruña geht.

## Die Küche

Die Provinz Lugo erstreckt sich über eine abwechslungsreiche Landschaft mit Ebenen und Bergen. Entsprechend reichhaltig und attraktiv ist der Spei-

**Gebratener Kapaun in Villalba**
*Ein ausgezeichnetes galicisches Weihnachtsgericht; es wird gefüllt mit allem, was man möchte, einschließlich Austern.*

**Galicischer Honig**
*Der aromatische Honig stammt überwiegend von Heidekraut sowie von Eiche und Kastanie. In vielen Orten in Galicien wird ein Honigfest begangen.*

**Petersilie**
*Vermischt mit Knoblauch ist Petersilie ein beliebtes Würzmittel. Die Knoblauch-Petersilie-Mischung verfeinert viele Salsas, die sowohl zu Fleisch als auch zu Fisch gereicht werden.*

**Krake auf galicische Art**
*Kraken gehören zur kulinarischen Tradition in Galicien und in El Bierzo. Nach dem Kochen wird der Krake in Scheiben geschnitten und mit grobem Salz, süßem und scharfem Paprikapulver und Olivenöl gewürzt. Als typische Beilage werden gekochte Kartoffeln gereicht und in der von Öl und Paprika gebildeten Sauce gewendet.*

sezettel: köstliches Fleisch, Langusten aus Burela, Fische von der Kantabrischen Küste wie Zahnbrasse und die beliebten Sardinen, Forellen und Lachse aus Eo und Masma, die reichhaltige Jagdbeute, erstklassige Gemüse und Hülsenfrüchte, traditionsreiche Käse sowie eine große Vielfalt an Früchten.

Zunächst haben wir die *caldos, sopas* und *guisos,* die Suppen und Eintopfgerichte, deren bekannteste Vertreter *caldo gallega* (galicische Gemüsesuppe, Rezept Seite 188), *lacón con grelos* (Vorderschinken mit Steckrübenstängeln, Rezept Seite 194) und das *cocido gallego* (galicisches Eintopfgericht) sind. Mit geringfügigen Änderungen werden sie bis heute noch in ganz Galicien nach den alten Rezepten gekocht. Der *caldo gallego,* zubereitet mit Steckrübenstängeln, Kartoffeln, weißen Bohnen, Paprikawurst und Speck darf als das traditionsreichste Gericht gelten. Es bietet die Möglichkeit, all das zu nutzen, was man zur Hand hat. In den ländlichen Gebieten glich dieser caldo einem *cocido castellano* (kastilisches Eintopfgericht): Man aß ihn heute und man aß ihn morgen wieder. *Lacón con grelos* ist ein gepökelter Vorderschinken, der mit Paprikawurst und Steckrübenstängeln gekocht wird.

Andere altehrwürdige Suppen sind die mit *calabazate,* mit Gartenkürbis, zubereitet neben einer Suppe mit Butter, Brot, Zwiebeln und frischem Schweineschmalz, die vor allem in der ländlichen Gegend von Lugo gerne für Kinder gekocht wurde und auch der *caldo de castañas* (Kastaniensuppe).

Salate wurden in früheren Zeiten mit Kopfsalat zubereitet, während Endivien nur etwas für die gehobene Küche der Adelshäuser und Abteien war. Man weiß, dass die Mönche Spargel anbauten, denn sie schätzten seine harntreibenden Eigenschaften. Die Paprikaschoten von Befamos und Mondoñedo sind besonders groß und eignen sich daher gut zum Füllen. Laut Cunqueiro werden sie in ihrer Güte nur von denen aus El Bierzo und Ponferrada übertroffen. Die weichen Dicken Bohnen, in Milch gekocht und mit Honig beträufelt, gehen auf ein altes Rezept aus dem Kloster in Samos zurück.

In den Gemüsegärten wird viel Kohl angebaut. Nach einem Rezept für Adelshäuser und Klöster aus dem 18. Jahrhundert werden Kohlherzen *(bertóns)* mit Hackfleisch gefüllt und im eigenen Saft mit Butter geschmort.

Galicisches Fleisch, besonders das aus der Provinz Lugo, wird häufig gelobt. Noch vor einigen Jahrhunderten wurde allerdings kein Rindfleisch verzehrt, man züchtete Kühe vor allem ihrer Milch wegen und auch um sie auf den Feldern arbeiten zu lassen. Das so genannte *obriga*-Fleisch war Fleisch zweiter Wahl, vor allem zum Kochen bestimmt. Die Fleischereien waren dazu verpflichtet, es stets oder wenigstens an bestimmten Wochentagen zum Verkauf anzubieten.

Am häufigsten wurde Schwein gegessen – gestreckt und über das ganze Jahr verteilt. Die Ernährung der einfachen Bevölkerung war wenig abwechslungsreich. In den großen Speisesälen der Klöster und Adelssitze wurden dagegen opulente Gerichte zubereitet, wie gekochter Vorderschinken, vom Knochen befreit und mit Kastanienpüree serviert, oder Schinken, der zuerst gebraten, dann gekocht, vom Knochen befreit und schließlich gefüllt wurde. Anscheinend stammt diese Köstlichkeit aus dem Landstrich Sarria und gehörte ebenfalls zum Speiseplan der Klöster. Solch edle Gerichte gab es nur für eine Minderheit. Weiter verbreitet ist dagegen die Verarbeitung von Schweinsfüßen in ganz unterschiedlichen Gerichten. Im Gebiet von Sarria wurden auf den Jahrmärkten sogar fertig gekochte Schweinsfüße angeboten. Eine traditionelle Tapa besteht aus Schweinsohr und *cachuca* (Haut vom Gesicht des Schweins), in Stücke geschnitten und kross gebraten.

**Kastanien**
*Ob süß oder pikant zubereitet, die Galicier haben eine Vorliebe für die köstlichen Kastanien.*

Nach dem Schlachtritual bereitete man *androlla* zu, eine dem *botillo berciano* (Seite 158 und 240) sehr ähnliche Wurst. Die Besonderheit daran war, dass Magen und Blase zum Stopfen verwendet wurden. *Androlla*-Wurst wird heute hauptsächlich zum Karneval in Viana do Bolo gegessen. Mit dem Blut des Schweins bereitete man früher dünne Pfannkuchen zu. In Lugo werden Kaldaunen vom Schwein tradi-tionell mit Lorbeer und Knoblauch gegessen.

Um Fleisch zu konservieren, wurde es traditionell zu Wurst verarbeitet oder gepökelt. In Lugo stellte man auch Dörrfleisch her. Álvaro Cunqueiro war häufig in der Herberge Saint Gérard de Aurillac in O Cebreiro zu Gast und sang ein Loblied auf das dortige Dörrfleisch:

*Heute bereitet man nur wenig Dörrfleisch zu, wenngleich ich ausdrücklich sagen und bekannt machen muss, dass es Saint Gérard de Aurillac, dem Gründer von Santa María del Cebreiro, nicht missfallen würde, zu hören, dass ich mich an diesem Ort sowie in der Herberge, die seinen Namen trägt, im Frühjahr 1973 aufhielt, mit einem halben Dutzend Stücken Dörrfleisch vom Rind, das im Vorratsraum hing. Das beste Dörrfleisch ist jedoch das vom Mastschwein.*

Zum Essen wird Dörrfleisch in feine Scheiben geschnitten oder man weicht ein Stück ein und kocht es nach dem Entsalzen mit Steckrübenstängeln. Dörrfleisch wurde früher in Herrenhäusern und Klöstern zubereitet und in Lugo war es üblich, es mit gekochten Kastanien zu essen.

In ganz Galicien sind Pasteten ein traditionelles Gericht, mit verschiedenen Füllungen, deren Basis gewöhnlich ein *sofrito* mit Zwiebeln, Tomaten und Paprika bildet. In der Provinz Lugo gelten als besonders traditionsreich die mit *papuxas* (kleinen Vögeln) gefüllten aus Monforte und die mit *zarza y raxo* (Schweinefilet) aus Mondoñedo sowie jene, die in Palas de Rei zubereitet werden. Nach alten Rezepten wird ein Vollkornbrotteig verwendet oder ein etwas krümeliger Teig aus Maismehl, der sehr weich ist und sich daher gut für Fisch- und Herzmuschel-

**Hojas de limón**

*Galicien überrascht mit seinen vielen Zitronenbäumen. Trotz des feuchten und regnerischen Klimas, so ganz anders als das am Mittelmeer, gedeihen die Zitrusbäume hier prächtig. Eine beliebte Leckerei sind diese in Teig getauchten und ausgebackenen Zitronenspalten.*

pasteten eignet. Mittlerweile wird der leichtere Blätterteig bevorzugt. Wegen der großen Nachfrage lässt die sprichwörtliche Qualität der galicischen Pasteten heute allerdings häufig zu wünschen übrig.

Die Flüsse waren einst unerschöpfliche Lieferanten von Lachsen, Neunaugen, Aalen, Lachsforellen und Forellen. Lachse leben im Meer, aber im Frühjahr schwimmen sie zum Laichen die Flüsse hinauf. Die galicischen Lachse waren ihrer Güte und Größe we-gen so berühmt, dass sich Sagen um sie rankten und Cunqueiro ihnen durchaus zutraute, die folgenden Worte des Apostel Jakobus vernommen zu haben, als dieser sein Schiff auf dem Fluss Ulla zum Ort seiner letzten Bestimmung lenkte: „Und wenn ihr davon erfahrt, dass eines Tages ein von dem langen Weg erschöpfter und hungriger Pilger an mein Grab in Compostela kommt, zögert nicht, euch aufzuopfern, sondern, ohne auf die Kosten zu achten, grillt sie, füllt sie mit Trüffeln oder wickelt sie in Papier ein oder macht von einem ganzen eine feierliche Pastete, gehüllt in diese in Alexandria erfundene Masse, die wir Blätterteig nennen. Und jetzt vernehmt meinen Segen im Namen des Vaters des Lebens." Kostbare Worte, Bilder der Fantasie und Leidenschaft, die Cunqueiro für alles hatte, was galicisch war. Zweifellos wäre der Apostel nicht nur entzückt gewesen, diesen Fisch zu essen, sondern es hätte ihm auch gefallen, ihn zu angeln.

Meerestiere verdienen unsere besondere Aufmerksamkeit, vor allem Austern und Krake, die man in Lugo außerordentlich schätzt. Wie verbreitet Austern in Lugo waren, zeigen die Stadtmauern, die zermahlene Austernschalen zieren. Dazu brauchte man Millionen von Austern! Besonders beliebt waren die aus Arcade. Heute werden Austern erfolgreich an anderen Orten auf Austernbänken gezüchtet.

Austern in Salzlake wurden nach London exportiert, wo man sie in den Kneipen im Londoner East End anbot. Früher wurden sie in Holzfässern eingemacht und dienten dem Genuss einiger glücklicher Bewohner von Adelssitzen. Ihr Ruhm war groß.

Augenblicklich ist Krake fast überall in Spanien sehr in Mode, aber in Galicien wird er schon seit Urzeiten angeboten und köstlich zubereitet. Die Krakenverkäuferinnen in Sarria waren weithin berühmt, kamen sie doch mit ihren Kesseln, in denen die Kraken gekocht wurden, mit ihren Krügen voller Öl, mit ihren Säcken voll Salz und Pfeffer und mit Holztellern zu allen Jahrmärkten und Kirchweihfesten. Ein Jakobspilger, der in Lugo Halt machte, beschloss, außerhalb der Stadtmauer spazieren zu gehen, als er zwischen den Toren San Pedro und del Castillo einige Frauen in Schwarz entdeckte, die sich bemühten große Feuer anzuzünden, über denen große schwarze Kessel hingen. Er dachte, das müssten die berüchtigten Hexen sein, die gerade einen Hexensabbat vorbereiteten. Tatsächlich aber sah er die Krakenverkäuferinnen bei ihren Vorbereitungen zum Fest des heiligen Froilán, des Schutzheiligen der Stadt Lugo. In früheren Zeiten wurde der Krake getrocknet, deshalb musste er vor dem Verzehr erst in Wasser eingeweicht und dann in großen Kupferkesseln gekocht werden.

**Blüten und Früchte**
*Blüten und Früchte haben uns auf dem gesamten Jakobsweg begleitet, wir konnten uns an ihnen satt sehen und essen. Das sind die „frutas de sarten", die „Pfannenfrüchte".*

Sardinen stehen den Kraken in ihrer Beliebtheit keineswegs nach. Sie werden gebraten und mit Schwarzbrot gegessen, das ihr Fett aufnimmt, oder auch nach aufwendigeren Rezepten zubereitet.

Aus den Flüssen kommen neben Forellen und Lachsen auch Neunauge und Aal. Das Neunauge wird in Wein, in einer Sauce oder in seinem eigenen Blut zubereitet. Aal wurde schon immer gegessen, nicht dagegen der Jungaal, der so genannte Glasaal, den man in vergangenen Jahrhunderten gering schätzte, mit dem man allenfalls die Felder düngte! Wie sich die Geschmäcker ändern! Aal wird paniert, gebraten oder geräuchert und mit Reis gereicht.

Geflügel aus dem Hühnerhof wurde gekocht oder gebraten. In den Klöstern gab es oftmals Taubenschläge. Junge Tauben wurden gefüllt, manchmal sogar mit Austern, oder sie dienten selbst als Fülle von Pasteten. Wild, das reichhaltig vorhanden war, wurde mariniert und mit Kohl serviert. In den Adelshäusern wurde es eingemacht und in Glastöpfen aufbewahrt, um dann in einer Schokoladensauce oder als Geflügelfrikassee zubereitet zu werden. Hasen kochte man traditionell im eigenen Blut. In den anspruchsvollen Küchen der Klöster und Adelssitze wurde die Jagdbeute auf vielerlei Arten zubereitet, eine köstlicher als die andere: gebratener Rehbock etwa, gefüllt mit Kirschen und Kastanienpüree.

Die galicischen Käse wurden schon bis zum Überdruss besungen und gelobt. In Lugo ist die Vielfalt geradezu notorisch: der cremige *queso de tetilla,* der *San Simón* (geräuchert), der pikante *Cebreiro*-Käse, den Cunqueiro als „heilig, verehrungswürdig und theologisch“ bezeichnete, und die Käse aus der Sierra de Cervantes. Für den Hausgebrauch werden Käse aus Kuhmilch hergestellt. Eine Besonderheit ist der *requesón de Sarria*, der in zuckerbestreute Formen gegossen wird.

Die besten süßen Desserts sind die Torten und Kuchen, von denen die bekanntesten in Mondoñedo hergestellt werden. Mandeln sind eine Grundzutat für eine große Anzahl von Torten und Kuchen, darunter auch die berühmte Santiago-Torte.

Schnaps aus Kirschen und Sauerkirschen ist bei den Galiciern sehr beliebt. Das Brennen von Weintrester in heimischen Laboren wurde strafrechtlich verfolgt. Wenngleich Hausbrennen auch heute noch verboten ist, wird es nach wie vor praktiziert. Der Weintrester von Verín ist der bekannteste, aber auch in Portomarín gibt es hervorragende Brände.

Pomeranzen, Zitronen, die von englischen Reisenden schon im 18. Jahrhundert besungen wurden, Kastanien, Quitten, Äpfel und Birnen kommen aus den galicischen Gärten. Aber auch die köstlichen Kartoffeln, die heute in ganz Spanien in kleinen Säckchen verkauft werden, als seien es Luxusartikel.

## Der Wein

Im Jahr 137 v.Chr. pflanzten die Römer die erste Weinrebe in Galicien, das bezeugen im Valle de Miño entdeckte Reste. Bei Verín wurde eine Weinpresse gefunden. Reste von Weinkeltern wurden im Castro von Elvira, einer römischen Burganlage gefunden und eine Amphore in der Bucht von La Coruña. Diese Überreste belegen, dass Wein getrunken, nicht aber, dass er hier angebaut wurde. Auch hat man die Grabplatte eines Weinhändlers in San Vicente de Fisteus in Sobrado-Coruña entdeckt, aber ein Händler muss nicht auch Weinbauer sein.

Fest steht jedoch: Mit dem Christentum kam auch der Weinanbau. Im Umkreis von Klöstern, Kirchen, Kapellen und sogar kleinen Einsiedeleien wurden Weinstöcke gepflanzt. Die Unterbrechung der Weinkultur während der arabischen Herrschaft war in Galicien nur kurz. So weit entfernt von Andalusien hörte man nie wirklich auf, Wein zu trinken.

Im Mittelalter wurde Wein auch in Gebieten angebaut, die heute für andere Zwecke genutzt werden. Erhalten blieb die Weinbautradition in den Tälern von Miño, Sil, Avia und Bibey, und in Flussmündungen wie den Rías Bajas, den Rías von Coruña sowie an der Nordküste.

Da Santiago de Compostela eine Begegnungsstätte für Menschen vieler Nationen war, wurde der galicische Weinanbau von Portugiesen wie von Franzosen begünstigt. Sie leisteten nicht nur einen Beitrag zur Herstellung und zum Vertrieb, sondern auch zur Vielfalt der verwendeten Rebsorten. So könnte die Rebsorte *albariño* im 12. Jahrhundert mit den Mönchen von Cluny gekommen sein, die nach Santiago pilgerten und sich auch in Klöstern niederließen. Die ersten Reben wurden im Valle de Saines und im Gebiet von Cambados in Pontevedra angepflanzt. Von dort weitete sich ihr Anbau bis in die Grenzgebiete aus und reichte sogar bis nach Portugal.

Auf galicischem Gebiet gibt es insgesamt fünf Herkunftsbezeichnungen: D.O. Monterrei, D.O. Rías Baixas, D.O. Rías Altas, D.O. Ribeiro und D.O. Ribeira Sacra, die einzige, die zur Provinz Lugo gehört.

### D.O. Ribeira Sacra

Die Weine mit dieser Herkunftsbezeichnung sind gut ausgebaut und meist von hoher Qualität. Sie sind nicht sehr verbreitet, verdienen aber mehr Anerkennung und sollten auch exportiert werden.

**Die Lage:** An den Ufern von Miño und Sil im Süden der Provinz Lugo und im Nordteil der Provinz Orense.

**Weißweine:** Die weißen Hauptrebsorten sind: Albariño, Loureira, Treixadura, Doña Blanca und Toroentes; ergänzt werden sie durch Palomino. Die Weine der Rebsorte Albariño sind grünlich-gelb und sehr fruchtig; die der Rebsorte Godello sind leicht und frisch. Andere Weißweine, die mit verschiedenen Rebsorten verschnitten wurden, haben ein fruchtiges Aroma und sind strohgelb.

**Rotweine:** Die wichtigsten Rebsorten sind: Mencía, Brancellao und Merenzao. Zur Ergänzung dienen Mouratón oder Negresa und Garnacha tintorera.

Die für das Gebiet charakteristischsten Weine stammen von der Rebsorte Mencía und sind granatrot, sehr frisch, aromatisch, trocken und fruchtig.

# DIE REZEPTE

## *Androlla*
## Androlla-Eintopf

**ZUTATEN FÜR SECHS PERSONEN**

1 *androlla*-Wurst (ersatzweise etwa 800 g andere kräftig gewürzte Kochwurst vom Schwein)
1 Weißkohl
800 g galicische Kartoffeln (ersatzweise andere kleine fest kochende Kartoffeln bester Qualität)
Salz

◆ Die *androlla* in einen Siebeinsatz legen. Den Einsatz in einen Kochtopf mit ausreichend Wasser setzen und die *androlla* vierzig Minuten kochen. (Wird andere Kochwurst verwendet, verkürzt sich die Kochzeit möglicherweise.) Den klein gehackten Kohl dazugeben und fast gar kochen. Die Kartoffeln unter kaltem fließendem Wasser gründlich waschen, falls nötig abbürsten, und ungeschält in den Kochtopf geben. Die Brühe mit Salz abschmecken und kochen, bis die Kartoffeln gar sind. Das Eintopfgericht in eine große Schale füllen und servieren.

*Die „androlla" ist eine ganz besondere Wurst, die aus Schweinerippen hergestellt wird. Die klein geschnittenen Rippchen mit Knoblauch, Oregano, Salz, Pfeffer und mit süßem und mit scharfem Paprika würzen. Diese Masse mehrere Tage ziehen lassen und gelegentlich wenden. Das Ganze in eine Schweineblase füllen. „Androlla" wird im Allgemeinen wie in diesem Rezept zusammen mit Gemüse gekocht und gerne auch für reichhaltige Eintopfgerichte verwendet.*

# *Caldo gallego*
# Galicische Gemüsesuppe

**ZUTATEN FÜR 4 PERSONEN**

250 g weiße Bohnen
2 Liter Wasser
1 Schinkenknochen
1 kg Steckrübenstängel (nach Belieben auch Steckrüben, Rübenblätter, Kohl oder ein für Galicien sehr typischer Kohl, der als „galicisches Gemüse“ bezeichnet wird)
4 große Kartoffeln
1 Stück *unto* (gereifter, ranzig schmeckender Speck; Ersatz: geräucherter Speck)
Salz

◆ Am Vortag die Bohnen einweichen.

◆ Am Tag darauf in einem großen Topf den Schinkenknochen und die abgegossenen Bohnen mit zwei Litern Wasser aufsetzen. Sobald das Wasser aufkocht, das Stück Speck dazugeben.

◆ Auf mittlerer Hitze kochen und, falls nötig, von Zeit zu Zeit den Schaum abschöpfen.

◆ Sind die Bohnen halb gar, geschälte und in kleine Stücke geschnittene Kartoffeln dazugeben. Sind diese fast gar, das fein geschnittene Gemüse hineingeben. Mit Salz abschmecken und kochen, bis das Gemüse gar ist.

◆ Damit die Brühe sämiger wird, mit der Gabel einige Kartoffeln und ein paar Bohnen zerdrücken.

◆ Die Suppe heiß auftragen.

*Manche geben auch Paprikawurst, Vorderschinken, Knochen von der Wirbelsäule und Ähnliches in diese Brühe, authentisch ist das Gericht jedoch so einfach wie nach diesem Rezept. Der gereifte Speck ist ein wesentlicher Bestandteil, wenngleich auch hier nicht übertrieben werden sollte, denn möglicherweise dringt sein Geschmack zu stark durch.*

*Die typische galicische Suppe ist also ganz einfach, obwohl sie, wie die meisten der besonders beliebten Gerichte, mit der Zeit und den besseren wirtschaftlichen Möglichkeiten aufwendiger und reichhaltiger geworden ist (ohne dabei notgedrungen an Güte und Geschmack zu verlieren).*

# *Empanada de sardinas*
# Sardinenpastete

**ZUTATEN FÜR 6 BIS 8 PERSONEN**

½ kg Pastetenteig
6 große Zwiebeln, sehr fein geschnitten
4 rote Morrón-Paprika (Tomatenpaprika), gebraten und enthäutet
6 große, reife rote Tomaten, enthäutet und sehr fein geschnitten
Salz
Safran
Frisch gemahlener weißer Pfeffer
1 kg Sardinen, filetiert
¼ l Olivenöl
1 Eigelb

◆ Die Zwiebeln in Öl dünsten. Wenn sie goldgelb sind, die in Stücke geschnittenen Paprika, die fein geschnittenen Tomaten, Salz, Safran und eine Prise weißen Pfeffer dazugeben. Die Salsa ist fertig, wenn die Tomate zerfallen und das Gemüsewasser vollständig verdunstet ist.

◆ Den Teig für die Pastete zubereiten. Den Teig halbieren. Mit einem Nudelholz so dünn ausrollen, dass er etwas größer ist als die Form und über deren Ränder hängt. Die zuvor mit ein wenig Mehl bestäubte Pastetenform damit auslegen.

◆ Die Salsa hineingeben und gleichmäßig verstreichen. Darüber die filetierten Sardinen verteilen. Den Teig so beschneiden, dass noch ein kleiner Rand bleibt. Diesen nach innen über die Füllung legen. Das Ganze mit der zweiten ausgerollten Teighälfte abdecken und die Ränder der Pastete gut aneinander drücken.

◆ In die Mitte ein kleines Loch stechen und die ganze Oberfläche mit einer Gabel mehrmals einstechen. Mit einem Pinsel die Oberfläche mit dem mit ein wenig Wasser verquirlten Eigelb bestreichen.

◆ Im vorgeheizten Backofen goldgelb backen.

**PASTETENTEIG**

Zutaten
½ kg Mehl
¼ l lauwarmes Wasser
30 g Hefe
Salz

◆ Die Hefe in lauwarmem Salzwasser auflösen.

◆ Das Mehl auf den Arbeitstisch häufen und in seiner Mitte eine Mulde machen, in die nach und nach die Flüssigkeit gegeben wird. Alles durchkneten, bis eine Kugel entsteht.

◆ Den Teig weiterkneten und dabei immer wieder mit Mehl bestäuben (genau wie auch die Hände), damit er nicht anhaftet.

◆ Den Teig, sobald er gut durchgeknetet ist, in eine Schüssel geben und mit einem Tuch abdecken. Bei Zimmertemperatur zwei Stunden zum Aufgehen ruhen lassen.

*Mit diesem Teig lässt sich jede beliebige Art von Pastete herstellen.*

# *Filloas de leche*
# Milchcrêpes

**ZUTATEN**

4 Eier
¼ l Milch
¼ l Wasser
Mehl für einen dünncremigen Teig
Speck oder Butter

◆ Die Eier mit einem Schneebesen kräftig schlagen und eine Prise Salz, das Wasser und die Milch unterrühren.

◆ Unter ständigem Rühren nach und nach das Mehl dazugeben, bis ein cremiger, aber eher dünner Teig entsteht.

◆ Den Teig durch ein Sieb streichen und eine halbe Stunde ruhen lassen.

◆ Eine Pfanne aufs Feuer stellen und nur leicht mit Speck oder Butter einreiben.

◆ Ist die Pfanne heiß, so viel Teig hineingeben, dass der Boden gerade bedeckt ist, wie für eine sehr dünne Tortilla. Lösen sich die Ränder und bilden sich in der Mitte kleine Blasen, mit einem Spachtel wenden und auf der anderen Seite fertig backen. Auf diese Weise weitere Crêpes backen, bis der Teig aufgebraucht ist.

*Milchcrêpes kann man mit Schlagsahne, Marmelade oder Fruchtkompott füllen, mit Zucker bestreuen und mit jedem beliebigen heißen Likör flambieren. Sie werden auch mit Meerestieren oder Fischen gefüllt. Anstelle der Milch kann man auch Brühe für den Crêpeteig verwenden. Besonders köstlich schmecken die Crêpes, wenn sie auf einem heißen Stein gebacken werden. Doch das ist nicht ganz einfach und erfordert etwas Übung.*

## *Lacón con grelos*

# Vorderschinken mit Steckrübenstängeln

**ZUTATEN FÜR 6 PERSONEN**

1 ganzer gepökelter Vorderschinken
6 große Kartoffeln
6 rote Paprikawürste
2 Hand voll Steckrübenstängel
Salz

◆ Zwei Tage vor dem Kochen den Vorderschinken zum Entsalzen in kaltem Wasser einweichen. Danach den Schinken in einen großen Topf legen und mit Wasser bedecken. Bei schwacher Hitze gar kochen. Das dauert mindestens anderthalb Stunden. Dann die gesäuberten und klein geschnittenen Steckrübenstängel, die geschälten Kartoffeln im Ganzen und die Paprikawürste, ebenfalls im Ganzen, dazugeben.

◆ Wenn alles gar ist, mit Salz abschmecken. Die Kochbrühe abgießen, sie ergibt eine köstliche Suppe.

◆ Die Suppe, nach Belieben mit Nudeln angereichert, schön heiß servieren. Auf einer großen Platte den Vorderschinken, die Kartoffeln und die roten Paprikawürste anrichten.

*Das ist eines der für Galicien typischsten Gerichte; es wird praktisch überall mit nur wenigen Abweichungen so zubereitet wie in diesem Rezept.*

## *Lamprea a la bordelesa*

# Neunauge à la bordelaise

**ZUTATEN FÜR 4 PERSONEN**

1 Neunauge von 1,5 kg (es kann ein Männchen oder ein Weibchen sein, jedoch ohne Eier)
50 g Butter (oder 2 EL Olivenöl)
2 Zwiebeln, sehr fein gehackt
4 Knoblauchzehen
2 kleine Lorbeerblätter
¼ l Rotwein (er sollte nicht sauer sein)
Rosmarin
1 Zweig Thymian
1 Tasse Fischbrühe
Salz

◆ Das Neunauge säubern, in Scheiben schneiden und das Blut in einer Tasse auffangen. Die Butter oder das Öl in eine Bratpfanne geben und die Zwiebeln mit den zerdrückten Knoblauchzehen auf mittlerer Hitze andünsten. Die Zwiebeln sollten nicht braun werden.

◆ Neunauge, Rotwein und das abgeseihte Blut dazugeben. Alles ohne Aufkochen erhitzen und nach fünf Minuten vom Herd nehmen. Danach Lorbeer, Rosmarin und Thymian, Salz und Fischbrühe hineingeben und wieder auf den Herd stellen. Auf niedriger Hitze ziehen lassen, bis das Neunauge gar ist. Falls nötig, noch etwas Wasser nachgießen.

◆ Vor dem Servieren das gegarte Gericht zwei Stunden ruhen lassen, dann kurz erhitzen.

◆ Das Gericht wird heiß serviert, als Beilage wird weißer Reis oder getoastetes oder geröstetes Brot gereicht.

# *Tarta de Mondoñedo*
# Mondoñedo-Torte

**ZUTATEN**

**Für den Blätterteig:**
350 g Mehl
1 kleines Ei
250 g Butter
Lauwarmes Wasser
1 Prise Salz

**Für den Biskuit:**
3 Eier
75 g Zucker
75 g Mehl

**Für den Sirup:**
¼ l Wasser
250 g Zucker
Zimtpulver
Geraspelte Zitronenschale
350 g Mandeln

**WEITERE ZUTATEN:**

200 g *cabello de ángel* („Engelshaar“, so wird Kürbismarmelade genannt wegen ihrer golden schimmernden Fasern)
Kandierte Früchte

◆ **Blätterteig:** Das Mehl auf eine Arbeitsfläche sieben und zu einem Berg häufen. In der Mitte eine Mulde machen. Das ganze Ei, eine Prise Salz und etwas lauwarmes Wasser in die Mulde geben. Das Mehl durchkneten und dabei mit den Fingerspitzen binden. Nach und nach das Wasser dazugeben, bis ein weicher Teig entsteht. Eine Stunde ruhen lassen. Danach mit einem Nudelholz ausrollen und die weiche Butter in Flocken darauf verteilen. Den Teig über die Butter falten und mit einem Nudelholz andrücken. Erneut falten und andrücken. Das Teigpaket an einem kalten Ort ruhen lassen.

◆ **Biskuitteig:** Eigelbe und Zucker mit dem Schneebesen schlagen, bis eine sehr cremige Masse entsteht. Das Mehl darüber streuen und behutsam unterziehen. Zum Schluss die zu Eischnee geschlagenen Eiweiße unterziehen. In eine Springform füllen und im vorgeheizten Backofen bei 175 °C backen. Den Biskuit nach dem Backen auf einem Gitter abkühlen lassen, dann in der Mitte durchschneiden, sodass zwei Scheiben entstehen.

◆ **Sirup:** Das Wasser mit dem Zucker, Zimt und geraspelter Zitronenschale auf mittlerer Hitze zehn Minuten köcheln lassen. Unterdessen die Mandeln im Ofen rösten und grob zerkleinern. Die Hälfte der Mandeln in den Sirup geben und fünf Minuten kochen. Den Sirup abseihen und die Mandeln aufheben. Die Biskuitscheiben mit dem Sirup tränken.

◆ **Die Torte fertig stellen:** Eine große, runde Form mit einer Schicht Blätterteig auslegen. Darüber eine Biskuitscheibe und danach die Hälfte der Kürbismarmelade geben und mit der Hälfte der im Sirup gekochten Mandeln bestreuen. Alles mit einer weiteren Schicht Blätterteig, der Biskuitscheibe, der restlichen Marmelade und den in Sirup gekochten Mandeln wiederholen. Die Torte mit dem übrig gebliebenen Blätterteig gitterförmig dekorieren.

◆ Bei 175 °C ungefähr eine Stunde im vorgeheizten Backofen backen und die Torte dabei mit Alufolie oder Backpapier abdecken.

◆ Mit der zweiten Hälfte der gerösteten Mandeln und mit den sehr fein gehackten kandierten Früchten dekorieren.

**Monte del Gozo**

*Ist der Pilger erst einmal an diesem Punkt des Weges angelangt, ist er seinem Ziel ganz nahe. Heute wie in alten Zeiten empfindet jeder Pilger auf dieser Bergkuppe die gleiche Freude.*

# A Coruña

*... Lebureiro, Santiago de Boente, Castañeda, Vilanova, Ferreiros und im Anschluss Compostela, die erhabene Stadt des Apostels, voll mit allen Arten von Bezauberndem, die Stadt, die die sterblichen Überreste des Jakobus beherbergt, der Grund, warum sie als die glücklichste und herausragendste aller Städte Spaniens gilt.*

(Codex Calixtinus)

HEUTE VERLÄUFT DER JAKOBSWEG DURCH:

Lebureiro
Melide
Santiago de Boente
Castañeda
Arzúa
Labacolla
Monte del Gozo
Santiago de Compostela

Der Ortsname Lebureiro leitet sich von Campus Levurarius oder „Hasenfeld" her. Noch heute begegnet man diesen Tieren hier häufiger als anderswo. Über die romanische Kirche *Santa María* gibt es eine hübsche Geschichte von der Jungfrau, die sitzend im Tympanon zu sehen ist, eine Wiederholung der Darstellung auf dem Hauptaltar. Man traf die Jungfrau bei einer Quelle an, aus der ganz plötzlich inmitten von viel Glanz und Wohldüften Wasser hervorsprudelte. Die Jungfrau wurde in die Kirche gebracht, aber jede Nacht kehrte sie zur Quelle zurück und erklärte sich erst bereit, in der Kirche zu bleiben, wenn sie auch in das Kirchenportal als Skulptur eingemeißelt würde. Es heißt, die Jungfrau habe die Quelle aufgesucht, um sich zu kämmen.

Mit der Erinnerung an die Jungfrau gelangt man nach Melide, wo es Dolmen, römische Burgen und archäologische Reste gibt. Jüngeren Datums ist die Kirche *San Pedro*. Sie wurde über den Ruinen der ursprünglichen, aus dem 12. Jahrhundert stammenden Kirche wieder aufgebaut. Weitere Sakral- und Zivilbauten sind die Pfarrkirche *Santa María* (12. Jahrhundert) mit einem dem Landstrich Melide gewidmeten Museum sowie das Rathaus.

Die nächste Strecke des Jakobswegs führt durch Santiago de Borente, wo man die Herrenhäuser, die Santiago gewidmete Pfarrkirche, eine Quelle für Pilger und eine antike Brücke bewundern kann. In Castañeda entledigten sich die Pilger des Steins aus Triacastela, indem sie ihn bei den Kalköfen des Ortes ablieferten. Zum Ausruhen wählten die Wanderer Ribadiso (*Riba de Iso,* d.h. Ufer des Iso), wo sich ein Besuch der alten Brücke lohnt, die einen einzigen Bogen besitzt, sowie des Herrenhauses, das als Hospiz diente. Allem Anschein nach wurden die Pilger auch in dieser Gegend von den Bewohnern einer nahe gelegenen Burg ausgeraubt.

Schon auf der Zielgeraden des Pilgerwegs geht es durch Arzúa mit seiner Pfarrkirche *Santiago* und den Resten (nur die Kapelle ist erhalten) des ehemaligen Augustinerklosters der Magdalena, das über ein Pilgerhospiz verfügte. Von Arzúa kommt man nach Labacolla. Picaud berichtet, dass es hier „einen Fluss mit dem Namen Labacolla" gebe, „denn an einem bewaldeten Ort, an dem er vorbeifließt, zwei Meilen vor Santiago, warfen die Pilger französischer Nationalität ihre Kleider ab und aus Liebe zum Apostel wuschen sie nicht nur Teile ihres Körper sondern den ganzen Leib." Das Wasser des Sar, der zwischen dem Monte del Gozo und der Stadt Santiago fließt, gilt als heilend. Als ebenso heilend gilt auch das Wasser der Sarela, die in Richtung Westen auf der anderen Seite an der Stadt vorbeifließt. Die Pilger, die in Gruppen wanderten, veranstalteten einen Wettlauf und wer als Erster auf dem Gipfel eintraf, wurde zum König der Gruppe ausgerufen. Auf diesem Gipfel wurde die Einsiedelei *San Marcos* errichtet. Weiter unten gibt es eine zweite, kleinere Einsiedelei, dem heiligen Lorenz geweiht. Hier liegt ein Pilger aus Lothringen begraben, der, von seinen Weggenossen verlassen, vom Apostel Jakobus auf dem Rücken seines Pferdes bis zu dieser Stelle gebracht wurde.

Die Pilger, die den Weg zu Pferd zurücklegten, stiegen auf dem Berggipfel ab und zogen zu Fuß in

Santiago ein. Beim Anblick der Stadt Compostela stimmten alle Pilger das *Ultreia* an. Dieses uralte Lied, das weithin bekannt ist, wurde in das *Liber Sancti Jacobi* aufgenommen. Seine ernste, fromme Melodie ertönte schon im 12. Jahrhundert unter dem Gewölbe der Basilika in Compostela. So lautet sein Refrain:

*Herru Sanctiagu*
*Got Santiagu*
*E ultreia, e sus eia*
*Deus, adiuva nos.*

Es existieren verschiedene Theorien über die Nationalität dieses Liedes, die einen andalusischen, deutschen, lateinischen oder auch galicischen Ursprung zu erkennen vermeinen. Ein sehr empfehlenswertes Buch, das mehr über die Lieder im Zusammenhang mit dem Pilgerweg verrät, ist das „Cancionero de los peregrinos de Santiago" (Liederbuch für Jakobspilger) von Pedro Echevarría Bravo (*Centro de Estudios Jacobeos,* 1971). In seinen Strophen versteckt sich ein kleiner Führer zu den Stätten, Menschen, Sagen und Bräuchen entlang dem Pilgerweg.

Schon an den Toren von Santiago de Compostela, dem Ende des Camino, wird der Pilger von seinen Gefühlen überwältigt. Aber vor einem Besuch der Plaza del Obradoiro und der Kathedrale empfiehlt es sich, zu Fuß durch die Straßen der Stadt zu wandern. Am besten beginnt man damit bei der Avenida de los Concheiros, wo den Pilgern Pilgermuscheln aus Messing und Silber angeboten werden, und orientiert sich dann weiter an folgenden Namen: Rúa de San Pedro, Puerta del Camino, Calle de las Casas

**Straßen in Santiago de Compostela**
*Vom Regen glänzende Pflastersteine, Steine die im Laufe der Zeit ganz schwarz geworden sind. Vergangenheit und Gegenwart des Jakobswegs haben sich ihnen eingeprägt.*

**Rua do Villar**

*Eine in den Stein gehauene Jakobsmuschel, das Erkenungszeichen der Pilger auf dem Jakobsweg*

**Aus der Vogelperspektive**
*Eine Teilansicht von Santiago de Compostela, die früher noch nicht möglich gewesen wäre.*

**Die Jugend und der Jakobsweg**
*Tausende von jungen Menschen legen den Jakobsweg zu Fuß zurück. Sie übernachten in Herbergen entlang der Strecke.*

**Der Pilger kurz vor dem Ziel seiner Reise**
*Er kniet vor dem „Pórtico de la Gloria“ (Ruhmesportal), kurz bevor sein Wunsch in Erfüllung geht: den Heiligen zu umarmen.*

**Die Apostel**
*Im „Pórtico de la Gloria“ (Ruhmesportal), links vom Apostel, stehen lächelnd Petrus, Paulus, Jakobus der Jüngere und Johannes.*

**Säule der fünf Finger**
*Eine der rituellen Gesten, die Pilger und Besucher ausführen, sieht vor, dass sie die Finger einer Hand an diese Säule legen. Im Stein gibt es fünf Vertiefungen, ausgehöhlt im Laufe der Jahrhunderte von Millionen von Händen.*

**Der Apostel Jakobus**
*Er wartet geduldig darauf, dass der Pilger ihn umarmt.*

Reales, Plaza de Cervantes, Calle de la Azabachería bis Vía Sacra und Plaza de la Quintana oder de los Literarios bis zur Puerta Santa. Dieses Tor ist nur in heiligen Jahren geöffnet. Kurz vor Beginn eines heiligen Jahres öffnet es sich am 31. Dezember. Ist es geschlossen, geht es nach der Calle de la Azabachería zur Plaza de la Inmaculada (Platz der Unbefleckten), danach durch den Arco del Obispo (Bischofsbogen) und dann zur Plaza del Obradoiro, von wo aus man auf die spektakuläre Hauptfassade der Kathedrale von Santiago de Compostela blickt.

Die Beschreibung eines derart komplexen und reichen architektonischen Juwels übersteigt die Absicht dieses Buches. Dagegen verdient der prachtvolle *Pórtico de la Gloria* (Ruhmesportal), der nach Meinung vieler Experten den Gipfel der europäischen Romanik darstellt, doch ein paar Zeilen. Dieses Werk des Meister Mateo, voller religiöser, aber allegorisch verschlüsselter Andeutungen ist bereits Gegenstand zahlreicher Studien gewesen.

Sobald der Pilger sein Ziel erreicht hat, muss er bestimmte rituelle Gesten nachvollziehen, die zur Tradition gehören. Ist der Pilger im Portico, einem schmalen, von Kreuzgewölben bedeckten Vorraum, angelangt, legt er die fünf Finger der rechten Hand in die fünf Vertiefungen in der Mittelsäule des Portals. Hier ist die „Wurzel Jesse", der Stammbaum Jesu Christi in Marmor eingemeißelt. An der Basis dieser Säule ist die knieende Figur eines jungen Mannes, bekannt als *Santo dos croques* (vermutlich ein Selbstporträt des Meister Mateo) zu sehen. Die Galicier bringen ihre Söhne, sobald ihre Köpfe bis an diese Basis reichen, hierher, damit sie „klare Gedanken bekommen". Wer heute nach Santiago kommt, stößt dreimal mit dem Kopf dagegen, denn es ist immer gut, klare Gedanken zu haben, gleichgültig, wie alt man ist.

Dann folgt die rituelle Umarmung der Heiligenstatue auf dem Hauptaltar. Die Statue ist mit Edelsteinen besetzt. Man erreicht sie über einige Seitenstufen, tritt hinter sie und umarmt ihre Schultern. Dieses Ritual wird *acolada al señor Santiago* (Akkolade des Herrn Jakobus) genannt.

Schließlich geht es hinunter in die Krypta, wo unter dem Marmorbogen die sterblichen Überreste des Heiligen ruhen.

Hat der Pilger Glück, sieht er den gewaltigen Weihrauchkessel in Betrieb, mit dem man ursprünglich bemüht war, den schlechten Geruch zu überdecken, den die Wanderer verströmten.

**Das Innere der Kathedrale**
*Der Mittelweg führt zum Hauptaltar unter dem Baldachin im Churrigueresco-Stil aus dem 17. Jahrhundert.*

**Der Weihrauchkessel**
*Der Anblick des hin- und herschwingenden riesigen Weihrauchkessels und das Eintauchen in den Duft, den er verströmt, gehören zum Gipfel jeder Pilgerfahrt nach Santiago.*

**Xoubas (kleine Sardinen)**
*Die bescheidenen Anchovis werden wegen ihres ausgeprägten Geschmacks hoch geschätzt und sind ungemein zart und fein.*

## Die Küche

Die herrliche Küste vor der Provinz La Coruña bietet eine Vielfalt an Fischen und Meerestieren, wie man sie nur wünschen kann. Man isst einfach zubereitete Eintopfgerichte oder die traditionelle *caldeirada,* ein Gericht mit Meerestieren und Fischen, wie es seit alten Zeiten bei den Fischern auf den Tisch kam. Tatsächlich nutzten die Fischer für ihren Lebensunterhalt alles, was sie fingen. So entstand ein Eintopf, ähnlich dem *suquet* in Katalonien. Sein Erfolg beruht auf frischem Fisch und dem richtigen Garen. Dafür nimmt man Kartoffelscheiben, den Fisch, Zwiebel, Knoblauchzehen, Streifen von frischer Paprika, Salz, weißen Pfeffer und nach Belieben Chili; anstelle von Wasser empfehlen einige Hühnerbrühe.

Im Landesinneren verfügt die Provinz über ausgezeichnetes Fleisch, sowohl vom Rind als auch vom Schwein, aber es wird auch viel Zicklein gegessen. Geschmortes oder gekochtes Fleisch wurde immer hoch geschätzt. Gebratenes isst man seltener. Zum Kochen oder Schmoren nimmt man Keule und Vorderrippe und zum Braten die Haxe. Das galicische Kalb allein ist schon ein Garant dafür, dass das Gericht gelingt, wie wenig die Köchin auch erfahren sein mag. In ihrem Buch „La cocina española antigua" (Die alte spanische Küche) bringt die Gräfin de Pardo Bazán ein Rezept für eine gebratene Kalbshachse nach alter Manier, das vor allem wegen der dabei verwendeten Technik interessant ist:

> *Ich selbst habe mit eigenen Augen gesehen, wie sie ganz einfach auf diese Weise gebraten wurde: Auf ein kräftiges Holzfeuer in einem großen Steinherd wurde der alte Bräter geschoben, gestützt von zwei gabelartigen Stützen und darauf spießte man schön die Haxe und beauftragte eine Bedienstete damit, sie zu drehen, während in einen Topf darunter der Saft vom Braten tropfte, mit dem die Haxe, zusammen mit ausgelassenem Schweineschmalz und Zitronensaft, alles gut vermischt, begossen wurde, damit sie nicht austrocknet. Als die Hachse gar war, wurde sie heruntergenommen und, gerahmt von Kopfsalat und Endivie, aufgetragen.*

**Venusmuscheln a la marinera**
*Die nur mit Knoblauch, Petersilie und Öl zubereiteten Venusmuscheln bewahren unverfälscht ihren Geschmack.*

**Queso tetilla mit Quittenmarmelade**
*In ganz Spanien ist die Käseherstellung sehr ausgeprägt, was Vielfalt, Menge und Güte betrifft. Galicien bildet da keine Ausnahme. „Tetilla" ist eine der bekanntesten Käsesorten. Er harmoniert bestens mit der süßsauren Quittenmarmelade, die meist so fest ist, dass man sie in Scheiben schneidet.*

**Jakobsmuscheln**
*Sie sind nicht nur ein Symbol für den Jakobsweg, sondern werden auch von den Galiciern sehr geschätzt, die sie gebacken, am Spieß, in Pasteten oder zusammen mit Meerestieren verspeisen. In der galicischen Küche sind sie allgegenwärtig.*

**Steckrübenstängel**

*Steckrübenstängel gehören mit zu den am häufigsten verwendeten Gemüsearten in der galicischen Küche. Eines der Gerichte, in denen sie nicht fehlen dürfen, ist der Vorderschinken mit Steckrübenstängeln (Rezept Seite 194).*

**Überbackene Austern**

*Die Austern aus Arcade sind nicht nur in Spanien, sondern auch international bekannt und beliebt.*

Neben diesem Rezept für gebratene Kalbshaxe bringt Doña Emilia Pardo Bazán andere Rezepte, die aus Klöstern oder den Küchen der begüterten Schichten stammen, die sicher kaum etwas mit den galicischen Dorfbewohnern gemeinsam hatten.

Berühmt sind auch die verschiedenen Kohlsorten, mit denen die Galicier ihre Eintopfgerichte zubereiten. Kohl (wie galicischer Kohl, Steckrübenblätter und Weißkohl) und Bohnen sind neben Kartoffeln und Speck die wichtigsten Zutaten zum *caldo gallego* (Rezept Seite 188). Gelegentlich nennt man dieses Gericht auch *pote gallego* (galicischer Topf), weil es im Eisentopf zubereitet wurde, der an einer Kette in der *lareira* (Esse) hing. Die Kartoffeln *de la marina* (vom Meer), bekannt wegen ihrer regelmäßigen Größe und ihrem köstlichen Geschmack, wurden so genannt, weil sie nahe bei der Küste angebaut wurden.

Ein berühmtes Produkt der Region sind die Padrón-Paprika. Sie sind zwar sehr klein, dafür aber geradezu mörderisch scharf. Die Betanzos-Paprika, ebenfalls klein und pikant, sind zu Recht sehr beliebt und werden gerne zu Braten gereicht.

Auf dem Tisch in Compostela dürfen weder die Pasteten mit Schweinelende oder Neunauge fehlen noch, wie in ganz Galicien, die Crêpes.

Der *queso de tetilla,* eine ausgezeichnete und bekannte Käsesorte, gehört zum reichhaltigen Angebot galicischer Käse.

Das Brot von Betanzos, Santiago de Compostela oder Carballo hat zu Recht einen guten Ruf. In Galicien gab es einst den Beruf der *rosquilleira,* deren Brezeln die Schaufenster aller Konditoreien eroberten und stets auf allen Volksfesten anzutreffen waren.

Die Torten von Puentedeume und Ortigueira sowie die galicische Torte schlechthin, die *tarta de Santiago,* werden mit Mandeln zubereitet.

Die Tradition des Schnapsbrennens reicht weit in die Vergangenheit zurück. Es gab kaum ein Haus ohne eigenen Destillierkolben. Von dem Traubentrester, der destilliert wird, erhält man ausgezeichneten klaren Schnaps. Gibt man aromatische Kräuter dazu, hat man Kräuterschnaps, dem später Zucker beigefügt wird. Lässt man Früchte in diesem gezuckerten Schnaps ziehen, wird daraus ein Fruchtlikör. Schnaps oder Likör schließen jede Mahlzeit mit Freunden ab, sie werden allgemein geschätzt. Eine besondere Art, Schnaps zu trinken, ist die *queimada,* eine flambierte Bowle, die mit Zucker, Zitronenschale und reinigendem Feuer hergestellt wird.

**Seehecht in Knoblauchsauce**
*Eine schöne Scheibe galicischen Seehechts mit einigen geschälten und in Stücke geschnittenen Kartoffeln kochen. Fast das gesamte Kochwasser abgießen und nur zwei oder drei Esslöffel behalten.*

*In eine Pfanne eine kleine halbe Tasse Olivenöl geben, zwei ganze Knoblauchzehen darin anbraten und entfernen, sobald sie goldgelb sind. In dasselbe Öl einen halben Teelöffel süßen Paprika und einige Tropfen Essig geben, verrühren und über den Fisch und die Kartoffeln gießen. Den Topf kräftig hin- und herbewegen, damit die Salsa gut in den Fisch eindringt. Alles auf einer Platte anrichten und sofort servieren. Diese Salsa eignet sich auch für andere Arten von weißem Fisch.*

**Hummer in saurer Sauce**
*An allen spanischen Küsten ist Hummer wohl das Meerestier, das am seltensten gefangen wird. Andererseits ist sein Fleisch die Delikatesse, die anspruchsvollste Feinschmecker am meisten begehren.*

# DIE REZEPTE

## *Caldeirada*
## Fischtopf

**ZUTATEN FÜR 6 PERSONEN**

2 kg verschiedene Fische
(Steinbutt, Seehecht, Seeteufel, Rochen, Zackenbarsch ...), gesäubert und in Stücke zerteilt
4 Kartoffeln, geschält und halbiert
1 Zwiebel
1 Lorbeerblatt
8 Knoblauchzehen, geschält
2 Tassen Olivenöl
Paprikapulver
2 EL Essig
Salz

◆ Die Kartoffeln mit Wasser und Salz zum Kochen aufsetzen. (Am besten kocht man sie in Meerwasser.) In dieses Wasser kann auch eine geviertelte Zwiebel und, nach Belieben, ein Lorbeerblatt gegeben werden.

◆ Sobald die Kartoffeln gar sind, alle Fische hineingeben. Sind sie gar, das Wasser abgießen, aber etwas davon für die Sauce aufheben.

◆ Die Knoblauchzehen im Öl andünsten. Sobald sie goldgelb sind, aus dem Öl heben und in den Topf zu den Fischen geben.

◆ Das Öl etwas abkühlen lassen. Paprikapulver, Essig und das restliche Kochwasser dazugeben. Die Sauce gut verrühren und über Fisch und gekochte Kartoffeln schöpfen.

◆ Das Gericht sofort servieren.

*Das ist ein ganz typisches Fischergericht; in Santiago wird es in einigen Restaurants auch zusammen mit Meeresfrüchten angeboten.*

## *Empanada de harina de maís con berberechos*

# Maismehlpastete mit Herzmuscheln

**ZUTATEN**

**Für die Füllung:**
1 kleines Glas Olivenöl
1 große Zwiebel
1 Knoblauchzehe
1 grüne Paprika
2 mittelgroße, reife rote Tomaten
1½ kg Herzmuscheln
Salz

**Für den Teig:**
½ kg Maismehl
1 Ei
Salz
4 EL Weißwein
Lauwarmes Wasser
1 Ei zum Bestreichen

◆ Für die Füllung das Öl in einer Pfanne erhitzen. Die klein gehackte Zwiebel, den zerdrückten Knoblauch und die grüne, in kurze Streifen geschnittene Paprika zusammen mit dem Salz ungefähr fünfzehn Minuten bei niedriger Hitze dünsten.

◆ Die enthäuteten und sehr klein geschnittenen Tomaten dazugeben. Bei niedriger Hitze unter gelegentlichem Umrühren dünsten, bis die Zwiebel sehr weich ist. Überschüssiges Öl abgießen, sodass kaum noch Fett in der Mischung zurückbleibt.

◆ Die Herzmuscheln über Dampf öffnen, das Fleisch aus den Muscheln lösen und beiseite stellen.

◆ Während die Füllung gart, den Teig zubereiten: Das Maismehl in eine große Schüssel sieben. In der Mitte eine Mulde machen und das ganze Ei, Salz und den Weißwein hineingeben. Das Mehl mithilfe der Finger mit allen Zutaten vermengen.

◆ Je nach Bedarf zum Kneten lauwarmes Wasser dazugeben. Ist der Teig fest und glatt, auf eine mit Mehl bestreute Fläche geben und mit einem Nudelholz ausrollen.

◆ Eine Pastetenform mit der Hälfte des Teigs auslegen.

◆ Darüber die Füllung streichen und die Herzmuscheln auf der Füllung verteilen.

◆ Die Füllung mit der zweiten Teighälfte abdecken und die Ränder fest aneinander drücken, um die Pastete zu schließen. Die Pastetenoberfläche mit einem geschlagenen Ei bestreichen.

◆ Im vorgeheizten Backofen bei 180 °C backen, bis die Pastete oben goldgelb ist.

◆ Nach dem Abkühlen die Pastete aus der Form stürzen.

*In ganz Galicien wird Maismehl viel und gerne verwendet, denn Mais ist hier häufiger als Weizen, der wegen des feuchten, sehr regenreichen Klimas nicht besonders gut gedeiht.*

*Pulpo a la Sochantre*

# Krake nach Art des Herrn Sochantre

**ZUTATEN FÜR 4 BIS 6 PERSONEN**

1 große Krake
2 EL Öl
1 Zwiebel
1 Paprika
½ kg reife rote Tomaten
Petersilie
Salz
Weißer Pfeffer

◆ Den Kraken gut waschen und kräftig mit einem hölzernen Fleischklopfer weich schlagen. In Stücke schneiden und in reichlich Wasser bei großer Hitze gar kochen.

◆ Unterdessen Öl in eine Pfanne geben und darin die sehr fein gehackte Zwiebel und die in Stücke geschnittene Paprika andünsten.

◆ Ist die Zwiebel gar, die enthäuteten und in sehr kleine Stücke geschnittenen Tomaten dazugeben und köcheln lassen.

◆ Sobald der Krake gar ist, das Wasser fast ganz abgießen und die gedünsteten Gemüse dazugeben. Mit Salz, Pfeffer und fein gehackter Petersilie abschmecken.

◆ Weitere zehn Minuten köcheln lassen, dann sofort heiß servieren.

*Laut Picadillo ist dieses Rezept Herrn Sochantre vom berühmten königlichen Kollegiat in La Coruña zu verdanken. Ob das nun stimmt oder nicht, heute gehört es auf jeden Fall zu den traditionellen galicischen Rezepten. Picadillo sagt angesichts des ausgezeichneten Resultats über den Priester Sochantre: „Ich, ein Begeisterter, verleihe ihm den Ehrentitel eines Küchenjungen meiner Küche und ich erlaube ihm, diesen neuen Titel, der zu vielen anderen sehr verdienten, die er schon besitzt, hinzukommt, auf seinen Visitenkarten zu verwenden; außerdem sollte er in Klammern erklärend dazusetzen: ‚Spezialist für Kraken'. Jedem das Seine und alles für Gott."*

## *Queimada*
# Feuerbowle

**ZUTATEN FÜR 12 PERSONEN**

1 l Tresterschnaps
200–250 g Zucker
¼ l Rotwein
Schale von 1 unbehandelten Apfelsine,
hauchdünn spiralförmig abgeschält
Schale von 1 unbehandelten Zitrone,
hauchdünn spiralförmig abgeschält

◆ Den Tresterschnaps in einen hitzebeständigen Behälter, am besten eine Tonschüssel, geben und leicht erwärmen. Mit einem Schöpflöffel aus Metall, der etwas Zucker enthält, ein wenig Schnaps abschöpfen. Den Schöpflöffelinhalt mit einem Streichholz anzünden. Diese brennende Flüssigkeit vom Schöpflöffel in die Schüssel fließen lassen, um auch den Schnaps in der Schüssel anzuzünden. Ein wunderbarer Anblick – wie ein brennender Wasserfall! Sobald der Schnaps brennt, Apfelsinen- und Zitronenschalen dazugeben.

◆ Nun jeweils kleine Mengen Zucker mit dem Schöpflöffel in die Schnapsflamme halten, damit er karamellisiert. Den Schöpflöffel wieder mit brennendem Schnaps füllen und das Schauspiel des brennenden Wasserfalls wiederholen, bis der ganze Zucker aufgebraucht ist.

◆ Jetzt ist der Augenblick gekommen, den Schnaps umzurühren: Mit dem Schöpflöffel ununterbrochen rühren, damit sich die Wärme in der ganzen Flüssigkeit gut verteilt. Sie sollte bis auf ein Drittel verdunstet sein.

◆ Am Ende den Rotwein dazugießen und noch etwas weiterrühren. Bevor die Flammen erlöschen, sollte nach altem Ritual ein Beschwörungsreim aufgesagt werden.

◆ Den heißen Schnaps in passenden Gläsern ausschenken.

*Die „queimada" ist mittelalterlichen Ursprungs; die Zeremonie dieser Feuerbowle ist aber auch heute noch an Feiertagen oder bei Festen an vielen Orten in Galicien sehr beliebt. Das Element Feuer soll mit seiner reinigenden Kraft die Menschen vom Einfluss der Hexen und ihren Verhexungen befreien.*

*Sardinas con cachelos*

# Sardinen mit Kartoffeln aus dem Feuer

**ZUTATEN FÜR 4 PERSONEN**

1 kg Sardinen
1 kg mittelgroße mehlig kochende Kartoffeln
Salz

◆ Die ungeschälten Kartoffeln halbieren und in Salzwasser kochen. Wenn sie beinahe gar sind, abgießen und zum Trocknen in ein Tuch wickeln. Dann mit der angeschnittenen Seite nach unten auf ein Backblech legen und die Kartoffeln im Ofen oder auf einer Feuerglut fertig garen.

◆ Während die Kartoffeln garen, die Sardinen über einem guten Feuer aus Stechginsterholz braten. Beim Garen mit Salz abschmecken.

◆ Die gebratenen Sardinen mit den Kartoffeln servieren.

◆ Dazu wird Schwarzbrot gereicht.

*Das ist ein sehr traditionelles Gericht. Im Originalrezept kommen die Kartoffeln im Tuch auf das Blech und ins Feuer. Aber nicht immer hat man Feuer, in dem auf einem Blech die Kartoffeln „trocknen" können, ohne dass das Tuch anbrennt. Deshalb können sie, wie oben beschrieben, im Ofen getrocknet oder einfach nur in Salzwasser gekocht werden. Nach dem Abgießen kommen sie wieder in denselben Topf, in dem sie gekocht wurden, aber diesmal ohne Wasser, und eingewickelt in ein Tuch, damit sie „schwitzen" können.*

*Die Sardinen können innen gesäubert werden oder auch nicht. Doch es empfiehlt sich, sie außen zu waschen und zu schuppen. So sind sie für den Gaumen viel angenehmer.*

## *Tarta de almendras de Santiago*

# Santiago-Torte

**ZUTATEN**

150 g Mehl
100 g Butter
7 Eier
Salz
½ kg gemahlene Mandeln
½ kg Zucker
1 TL Zimt
1 Glas süßer Jerez-Wein
50 g Puderzucker

◆ Das Mehl auf die Arbeitsfläche sieben und anhäufen. In die Mitte die in Flocken zerkleinerte weiche Butter, ein Ei und eine Prise Salz geben. Alles behutsam mit den Fingern verkneten und, wenn nötig, etwas Wasser dazugeben.

◆ Den Teig zu einer Kugel formen und mit einem Nudelholz ausrollen. Eine runde Backform (Springform) damit auslegen.

◆ Für die Füllung in einer großen Schüssel die gemahlenen Mandeln, den Zucker, sechs Eier, den Zimt und den Jerez-Wein gut vermischen. Ist eine homogene Masse entstanden, die Füllung gleichmäßig auf dem Teig in der Backform verteilen. Den Teigrand begradigen, damit er ringsum gleich hoch ist.

◆ Bei mittlerer Hitze im vorgeheizten Backofen backen, bis die Oberfläche goldgelb ist. Das dauert ungefähr eine Stunde oder etwas weniger. Mit einem Holzstäbchen prüfen, ob der Teig gar ist.

◆ Nach dem Erkalten die Torte aus der Form nehmen und mit Puderzucker bestäuben.

*Es ist üblich, bevor die Torte mit Zucker bestäubt wird, eine Kartonschablone in Form eines Jakobskreuzes oder einer Jakobsmuschel obenauf zu legen. So wird die Torte weiß und das Emblem hebt sich goldgelb davon ab.*

*Trotz ihres Beinamens „de Santiago", wird diese Torte in vielen Orten in Galizien gebacken. Manchmal wird sie auf dem Teller noch mit etwas Likör begossen.*

# *Vieiras gratinadas*
# Gratinierte Jakobsmuscheln

**ZUTATEN FÜR 6 PERSONEN**

6 Jakobsmuscheln
6 Miesmuscheln
4 Champignons
1 kleine Tasse Öl
2 EL Mehl
¼ l Milch
1 Schuss Albariño (erstklassiger galicischer Weißwein) oder Riesling
100 g geschälte Garnelen
Butter
Salz
Frisch gemahlener weißer Pfeffer

◆ Die Jakobsmuscheln einige Stunden vor der Zubereitung in eine Schüssel mit lauwarmem Wasser legen. Dann eine Muschel mit der flachen Seite nach oben in die Hand nehmen. Mit einem Tuch auf die flache Seite drücken und ein kurzes kräftiges Messer zwischen die Schalenhälften schieben. Am Rand der flachen Seite entlangfahren und den Muskel durchtrennen. Die obere Schalenhälfte wegwerfen. Das Fleisch befindet sich in der tiefen Schale.

◆ Das weiße Medaillon und den *corail,* den Rogensack, der ebenfalls verwendet wird, herauslösen. Alles andere wegwerfen. Das Fleisch und den Rogen gut waschen. Den kleinen halbmondförmigen Muskel vom Fleisch abschneiden, da er ungenießbar ist.

◆ Die tiefen Muschelschalen aufheben, nicht nur zur Vorbereitung der Jakobsmuscheln, sondern auch für andere Gerichte, die in dieser dekorativen Muschel serviert werden können.

◆ Die Miesmuscheln über Dampf öffnen. Muscheln, die sich nicht öffnen, wegwerfen.

◆ Die Champignons säubern und in sehr feine Scheiben schneiden.

◆ Mit Öl, Mehl und Milch eine Béchamelsauce zubereiten. Mit Salz und ein wenig weißem Pfeffer abschmecken.

◆ Die Sauce ein wenig kochen lassen, dann die in Stücke geschnittenen Miesmuscheln, die Pilze, das Fleisch der halbierten Jakobsmuscheln, den in Stücke geschnittenen Rogensack, die Garnelen und den Weißwein dazugeben.

◆ Auf niedriger Hitze fünf bis zehn Minuten unter ständigem Rühren mit einem Holzlöffel köcheln lassen.

◆ Diese Füllung in die Muschelschalen geben und ein paar Butterflocken darüber verteilen. Darauf achten, dass in jede zwei Stücke vom Muschelmedaillon kommen.

◆ Den Backofen auf große Hitze vorheizen und fünf Minuten vor dem Servieren die Jakobsmuscheln zum Gratinieren hineinschieben.

◆ Die gratinierten Jakobsmuscheln heiß servieren.

# EPILOG

Wir folgen Aymeric Picaud bis zum Ende: „Der Grund für die vorausgegangene kurze Aufzählung der Ortschaften und Etappen, war der, dass die Pilger dank dieser Information für die Reisekosten sorgen können, wenn sie nach Santiago aufbrechen."

Außer mit Mitteln für die Reise muss sich der Pilger mit Kraft, Ausdauer und Phantasie, gutem Schuhwerk und passender Kleidung ausrüsten und sich vor Augen halten, dass er sein Ziel erreichen will. Dabei hat er Schwierigkeiten zu überwinden, die sich ihm ganz bestimmt in den Weg stellen. Vor allem aber sollte er die vielen guten Augenblicke genießen, die er sicher auch erleben wird.

In Augenblicken der Erschöpfung und Entmutigung sollte der Pilger bedenken, dass er auf „seinem" Pilgerweg zwar der Einzige ist, dass er jedoch immer mit der Hilfe von anderen Wanderern rechnen kann, von denen jeder ebenfalls seine eigene Pilgerfahrt macht, ihn jedoch solidarisch unterstützen wird. Die Steine eines Weges sind alle sehr verschieden, aber zusammen ergeben sie einen begehbaren Weg.

Auf diesem Pilgerweg wurde eine gastronomische Wanderung beschrieben und gleichzeitig versucht, den Ursprung und die tiefere Bedeutung einzelner Gerichte zu zeigen. Hinter einigen Rezepten stehen Hunderte von Jahren. Eine Geschichte, die auch die Geschichte von Menschen ist, die sich abmühten, mit dem zu leben, was der Boden ihnen gab. Im Laufe der Zeit sind sie nicht in Vergessenheit geraten, sondern sie haben überlebt, so wie auch der magische und stets tröstliche Jakobsweg immer noch da ist.

# TRADITIONELLE ERZEUGNISSE

In diesem Kapitel sollen die bedeutendsten kulinarischen Erzeugnisse aus den Orten vorgestellt werden, durch die der Jakobsweg führt, und auch aus einigen der nahe gelegenen Gebiete. Das Kriterium für die Aufnahme in diese Liste ist die Tradition der Produkte, wenngleich damit keine offizielle Anerkennung oder Handelsmarke verbunden ist. Sie sollten Bestandteil der gastronomischen Geschichte der Dörfer und ihrer Bewohner sein und eine handwerkliche Verarbeitung erfahren haben. Einige der erwähnten Produkte sind nur mit Mühe ausfindig zu machen.

Außerdem gibt es eine ganze Reihe von Erzeugnissen, die unter verschiedenen Namen aufgenommen wurden, und andere, deren offizielle Anerkennung noch bevorsteht.

Zweifellos fehlt das eine oder andere in dieser Liste, sonst wäre sie endlos.

## ARAGÓN

**Aceite de (Olivenöl aus) Alcañiz.** Die wichtigste dafür verwendete Olivensorte ist *empeltre*. Die Farbe der Oliven in Bajo Aragón variiert zwischen Goldgelb und Altgold. Sie haben einen fruchtigen, milden, leicht süßen Geschmack. Die Herkunftsbezeichnung ist Bajo Aragón.

**Aceite de (Olivenöl aus) Litera.** Die verwendeten Olivensorten sind: im Landstrich Litera *verdeña, arbequina* und eine geringe Menge *empeltre*. Im Landstrich Bajo Cinca und Ribera de Alcanadre zu gleichen Teilen *arbequina* und *verdona*. Diese Öle sind gelbgrünlich, fruchtig und leicht duftend; ihre Bezeichnung ist: natives Olivenöl extra.

**Aceite de (Olivenöl aus) Jalón-Moncayo.** Die verwendeten Olivensorten sind hauptsächlich *arbequina* (in Jalón) und *empeltre* (in Moncayo), in kleinen Mengen auch *verdial, royal* und *manzanilla*.

Diese Öle sind gelb bis grünlich, mit frischem Aroma und kräftigem fruchtigem Geschmack. Ihre Sortenbezeichnung ist natives Olivenöl.

**Aceite de (Olivenöl aus) Somontano und Bajo Cinca.** Die verwendeten Ölsorten sind *verdeña* und *empeltre*. Die Öle aus Somontano de Barbastro haben eine intensiv goldgelbe Farbe, ein sehr angenehmes Aroma und schmecken fruchtig, leicht süßlich. Die aus Somontano de la Hoya in Huesca haben hellere Farben und sind weniger fruchtig. Ihre Ursprünge gehen bis auf das Römische Reich zurück. Ihre Sortenbestimmung ist natives Olivenöl.

**Olivas de Aragón (aragonische Oliven).** Zwei Sorten sind herausragend: die schwarzen Oliven aus Aragón und die grünen aus Caspe.

**Ternasco de Aragón (aragonisches Milchlamm).** Das ist ein junges Lamm aus einheimischer Rasse, hauptsächlich der aragonischen, sowie den Rassen *ojinegra* und *roya bilbilitana* zugehörig. Sein Schlachtgewicht schwankt zwischen 18 und 24 Kilo. Sein Fleisch ist weich, hellrosa, sehr saftig und wird in der Küche sehr geschätzt. Es ist durch einen Handelsnamen geschützt.

**Longaniza de Aragón (aragonische Schlackwurst).** Auch bekannt unter dem Namen *longaniza de Pascua del Maestrazgo y Castellón*. Sie hat die Form eines Hufeisens und wird aus magerem Schweinefilet, Bauchspeck, Speck, Salz, Pfeffer, Oregano, Muskatnuss, getrocknetem Anis, Knoblauch, Nelken und manchmal Zimt hergestellt.

Sie ist typisch für die Karnevalszeit. Man isst sie oft am Dienstag vor Aschermittwoch. Sie trägt eine Qualitätsbezeichnung.

**Morcilla de Aragón (aragonische Blutwurst).** Die Würste hängen aneinander; außen sind sie weiß oder schwarz. Die Füllung ist schwarz und besteht aus Schweineblut und -schmalz, Reis, Zwiebel, Pinienkernen und/oder Haselnüssen, Salz, Zucker, Pfeffer, Anis, Zimt und Nelke. Sie tragen eine Qualitätsbezeichnung.

**Jamón de Teruel (Teruel-Schinken).** Die Schinken aus diesem Gebiet waren schon im kaiserlichen Rom hoch geschätzt. Ende September findet in Teruel das Schinkenfest statt. Die Schinken tragen eine Herkunftsbezeichnung.

**Queso de Albarracín (Albarracín-Käse).** Er wird aus Ziegenmilch, Tierlab und Kochsalz hergestellt. Seine Form ist zylindrisch und er wiegt knapp ein Kilo. Er hat eine feste Rinde mit aufgedrucktem Emblem aus Fass und Blume. Er kann frisch oder halb getrocknet sein. Früher verwendete man Weiden- oder Holzformen. Inzwischen ist die Produktion von Hand ausgestorben.

**Queso de Ansó-Hecho (Käse aus Ansó-Hecho).** Traditionell wurde er aus Schafmilch, Tierlab und Salz hergestellt. Seine Form ist zylindrisch und er wiegt zwischen eineinhalb und vier Kilo. Die Rinde ist geschlossen und glatt, seine Farbe hellgelb. Der Käse ist kompakt, ohne Löcher, aber mit kleinen strohgelben, kristallartigen Einlagen. Er schmeckt mild, wie Butter; er ist sparsam gesalzen und hat einen Nachgeschmack von Heu.

**Queso de Benasque (Benasque-Käse).** Er wurde traditionell aus Schafmilch hergestellt, heute macht man ihn dagegen aus Kuhmilch, Tierlab und Kochsalz. Seine Form ist zylindrisch, er hat eine gelbe, harte, geschlossene Rinde. Der Käsekörper ist strohgelb und fest mit kleinen Löchern. Er schmeckt nach Butter, mit einem Nachgeschmack von Heu. Er wird halb getrocknet oder getrocknet angeboten.

**Queso de Tauste (Tauste-Käse).** Er wird unter dem Namen Val de Taus vertrieben. Hergestellt wird er aus Ziegenmilch, Tierlab, Kochsalz, Chlorkalk und Milchfermenten. Seine Form ist zylindrisch und er hat eine natürliche gelbe Rinde mit leichten weißlichen Färbungen. Der Käse wird ausschließlich in Tauste (Saragossa) hergestellt.

**Queso tronchón (Stumpfkäse).** Er wird aus Schafmilch oder einer Mischung von Ziegen- und Schafmilch, Tierlab und Salz hergestellt. Seine Form ist zylindrisch oder stumpfartig. In die Rinde sind Blumenmotive und Symbole eingeprägt. Er wird im Landstrich Maestrazgo zwischen den Provinzen Teruel und Castellón sowie im südlichen Teil von Tarragona hergestellt. Hier wurde die Produktion von Hand noch beibehalten.

**Alberges de Zaragoza (Saragossa-Aprikosen).** Sie sind auch als *Alberges del Jalón* (Jalón-Aprikosen) bekannt. Es gibt zwei Sorten: die *moniquí* sind blassgelb, groß und süß; die *paviot* sind rot, ebenfalls groß und schmecken süßsauer. Sie werden im Gebiet von Jalón Bajo in der Provinz Saragossa angebaut.

**Frutas del Jalón (Früchte aus Jalón).** Die folgenden Früchte (mit ihren Sorten) zeichnen sich durch ihre Güte aus: Äpfel (*verde doncella* und *Ortel*); Birnen (*Don Guindo* und *Roma*); Pfirsiche (*Campiel, Borracho de Jorque* und *Maluendas*). Sie sind mittelgroß bis klein, schmecken süß und ihr Fruchtfleisch ist fest. Sie werden im Jalón-Tal im Südosten von Saragossa angebaut.

**Peras del Jiloca (Birnen aus Jiloca).** Das sind Tafelbirnen mittlerer Größe mit glatter, feiner Haut und einer rötlich eingefärbten Spitze. Das Fruchtfleisch ist weiß, etwas körnig, fein, stark duftend und schmeckt süß und aromatisch. Sie werden im Tal des Flusses Jiloca im Osten von Aragón angebaut.

**Melocotón tardío de Calanda (Spätpfirsich aus Calanda).** Diese Pfirsiche sind rundlich, groß bis sehr groß, strohgelb (Fruchtfleisch und Haut) und besitzen ein köstliches Aroma. Das Fruchtfleisch ist hart, fest, knackig, saftig, haftet am Stein und ist sehr zuckerhaltig. Es gibt drei Sorten: *Jesca, Calando* und *Evaiso*. Der Anbau erstreckt sich auf das gesamte Bajo Aragón. Die Pfirsiche tragen eine Qualitätsbezeichnung.

**Borraja de Aragón (aragonischer Borretsch).** Dieses Kraut stammt ursprünglich aus dem Mittelmeerbecken. Angebaut wird es im Ebro-Tal, in Saragossa sowie in Navarra und La Rioja. In der Küche verwendet man seine Blattstiele schon seit dem 3. Jahrhundert v. Chr. und kocht sie wie Gemüse.

**Pan de cinta (Bandbrot).** Dieses Brot wird mit langsamer Gärung hergestellt; es hat eine dichte Krume und eine eigenartige Form. Das *Pan de cinta* (Saragossa) ist oval und wird von einem Band aus demselben Teig umfasst. Das *Pan de moños* (Haubenbrot), eine für Huesca typische Variante des Brotes, hat drei Spitzen, die an eine Haube erinnern.

**Coc de Fraga (Obstkuchen aus Fraga).** Dieser Obstkuchen ist rechteckig und besteht aus einer dünnen Teigmasse, auf die in Scheiben geschnittene Quitten oder Äpfel, Trockenfrüchte und Zucker kommen. Sein Ursprung liegt in der arabischen Zeit. Gegessen wird er an Feiertagen, vor allem in der Karwoche. Der Kuchen ist ein typisches Produkt aus Fraga im Tal der Cinca (Huesca). Er wird durch eine Qualitätsbezeichnung geschützt.

**Tortas de alma (Seelenkuchen).** Dieses halbmondförmige Gebäck, zehn Zentimeter lang und fünf Zentimeter breit, ist mit *alma* („Seele") (Gartenkürbis, Honig und Zucker) gefüllt und mit Zucker bestreut. Manchmal besteht die „Seele" aus Engelshaar (Kürbismarmelade, wegen ihrer golden schimmernden Fasern so genannt). Das Gebäck wird in Bajo Aragón vornehmlich während der Olivenernte gebacken, denn man bereitet den Teig mit dem ersten gepressten Öl zu.

**Castañas de mazapán de Huesco (Marzipankastanien aus Huesca).** Aus Marzipanmasse werden Kastanien geformt. Nachdem sie leicht angetrocknet sind, werden sie in Karamell getaucht. Ihr traditioneller Herstellungsort ist Huesca.

**Frutas confitadas de Aragón (kandierte Früchte aus Aragón).** Diese kandierten Früchte werden in Schokolade getaucht und in buntes Zellophanpapier gewickelt. Traditionell nahm man dazu Stücke von Kürbis, Melone und Wassermelone, aber später behandelte man auch Birnen, Orangen, Feigen und andere Früchte auf diese Weise.

**Guirlache (Mandel- oder Nussbrot).** Ein Gebäck aus ganzen oder grob geraspelten Mandeln oder Mandeln mit karamellisiertem Zucker. Es wird mit Zucker und Mandeln zu gleichen Teilen, Butter, Zitrone und Zimt zubereitet. Die Mandeln kann man auch durch Haselnüsse oder Erdnüsse ersetzen. Es ist ein ursprünglich muslimisches Gebäck und gleicht dem in ganz Spanien beliebten *turrón*. Man isst es hauptsächlich zu Weihnachten, wenngleich es zu jeder Jahreszeit erhältlich ist.

**Anís de Colunga (Anisschnaps aus Colunga).** Dieser Anisschnaps wird nach der Destillation von Wein gewonnen. Er ist weiß und glasklar. Sein Alkoholgehalt beträgt bis zu 45 % und er besteht außer aus Wein auch aus Würzzutaten wie Aniskörnern, Süßholz, Feigen und Orange. Dieser traditionsreiche Schnaps wird seit alten Zeiten gebrannt und ist in Alto Aragón schon immer ein ungemein beliebtes Getränk gewesen.

**Tortetas (Törtchen).** Das sind kleine Torten aus frischem Schweineblut, Schweineschmalz, Weizenmehl, hartem Brot, Pinienkernen, Salz, Zimt und Pfeffer. Sie sind typisch für Huesca. Eine Variante dieser Törtchen sind die bolas (Kugeln), aus den gleichen Zutaten zubereitet, aber rund.

**Trufas de Maestrazgo (Trüffeln aus Maestrazgo).** In diesem Gebiet findet man tatsächlich noch natürliche Trüffeln. Es existieren Maßnahmen, die ihr Überleben sicherstellen sollen, indem das Sammeln auf die Zeit beschränkt wird, in der die Trüffeln am besten sind.

## NAVARRA

**Alcachofas de Tudela (Artischocken aus Tudela).** Die einzige Sorte, die vom Regulierungsrat für Qualitätsbezeichnung anerkannt wird, ist die einheimische *Blanca de Navarra* in den Kategorien *Extra* und *Primera*. Sie trägt den Vermerk geographisch geschützt.

**Cardo de Peralta (Karde aus Peralta).** Sie wird in der Ribera Navarra südlich von Pamplona angebaut. Die häufigste Sorte ist *Lleno Blanco* ohne Stacheln.

**Espárragos de Navarra (Navarra-Spargel).** Der für den frischen Gebrauch bestimmte kann weiß oder weiß mit dunkelvioletter Spitze sein. Es gibt drei Kategorien: *Extra, Primera* und *Segunda* (Extra, Erste und Zweite). Alle müssen von der einheimischen Sorte *Blanca de Navarra* stammen. Auf dem Etikett steht: Denominación específica de espárrago de Navarra.

**Pimientos del piquillo (schnabelförmige Paprika).** Diese Paprika ist spitz mit feiner Haut und zartem Fleisch. Wegen ihres süßlich aromatischen Geschmacks wird sie sehr geschätzt. Sie wird frisch oder als Konserve verwendet. Die Konserven Piquillo de Lodosa sind durch eine Herkunftsbezeichnung geschützt.

**Chistorra (Chistorra-Wurst).** Sie wird in einen Feindarm mit einem Durchmesser zwischen einem und zwei Zentimetern gefüllt und ist gerade oder hufeisenförmig. Sie ist rot und wenn man sie anschneidet, sieht man kleine magere und fette Stücke.

**Chorizo de Pamplona (Paprikawurst aus Pamplona).** Man stopft sie in einen sehr weiten Darm. Beim Anschneiden sieht man in der Füllung die weißen Speckstücke und die roten Stücke vom Schweine- und Rindfleisch, überzogen mit rotem Paprikapulver. Sie wird in ganz Navarra industriell und von Hand hergestellt. Man isst sie roh.

**Longaniza de Navarra (Navarra-Schlackwurst).** Hergestellt wird sie mit Bauchspeck vom Schwein, Salz, Paprikapulver, Knoblauch und Zucker. Gewöhnlich ist sie hufeisenförmig. Ihre Ursprünge dürften auf das 17. Jahrhundert zurückgehen. Sie wird gebraten oder gekocht gegessen.

**Ternera navarra (Navarra-Kalb).** Es stammt von Mutterkühen, die ihrerseits in und um die Stadt Foral de Navarra geboren, aufgezogen und geschlachtet wurden. Sie gehören zu den Pyrenäen-Rassen: blond, im Gebirge aufgezogen, Charolais-Rasse und ihre Kreuzungen. Die Kälber tragen den Vermerk geographisch geschützt. Sie sind bis zu vier Monate alt und wurden ausschließlich mit Milch ernährt.

**Queso de Roncal (Roncal-Käse).** Seine Wurzeln reichen bis ins Mittelalter zurück. Dieser Käse wird aus Rohmilch vom *latxa*-Schaf oder von aragonischen Rassen hergestellt. Seine Form ist zylindrisch, die Rinde graubläulich. Der Teig ist weiß oder leicht gelblich, fest, mit einigen Löchern und mit ausgeprägtem Geschmack, leicht pikant und im Gaumen butterähnlich. Die Hirten stellen ihn noch von Hand her, doch wird der Roncal zusätzlich in einer Fabrik hergestellt. Er ist durch eine Herkunftsbezeichnung geschützt.

**Queso de Idiazábal (Idiazábal-Käse).** Idiazábal liegt in Guipuzcoano, im Herzen von Goierri, wohin die Hirten im Herbst herabkamen, um ihre Käse zu verkaufen, die sie im Sommer auf den Weiden bei den Urbía- und Aralar-Pässen zubereitet hatten. Der Käse wird hier als ein Erzeugnis aus Navarra aufgenommen, denn seine Herkunftsbezeichnung umfasst zusätzlich zum gesamten Baskenland auch das nordwestliche Gebiet dieser Provinz.

Schon im 16. Jahrhundert wird er in San Juan de la Peña (Aragón) erwähnt. Seine Form ist zylindrisch. Die Rinde ist glatt, wächsern glänzend und bei ungeräuchertem Käse von gelblicher Farbe, bei geräuchertem von ockerbräunlicher.

**Cafareles de Tudelas (Leckereien aus Tudela).** Kekse, die in gefalteten Papierkörbchen angeboten werden. Ihr Teig besteht aus Eigelb, Eierschnee, Zucker, Öl und Mehl. Sie werden in Papierförmchen gefüllt und im Ofen gebacken. Diese Leckereien arabischen Ursprungs sind eine Spezialität von Tudela und Cascante.

**Turrón de Royo (Mandel- oder Nussbrot aus Royo).** Die Brote sind sieben Zentimeter breit. Sie sind oben und unten mit Oblaten bedeckt und goldgelb. Der authentische *Turrón de Royo* besteht aus Mandeln und Honig. Bei der einfacheren und billigeren Variante mischt man Zucker unter den Honig und anstelle von Mandeln nimmt man auch Haselnüsse. Schon im 16. Jahrhundert wurde der *Turrón* in Pamplona verkauft. Er ist eine für Navarra (und für ganz Spanien) typische Leckerei zur Weihnachtszeit.

**Pacharán navarro (Schlehenlikör aus Navarra).** Der *Pacharán* schmeckt deutlich nach Schlehen. Er entsteht durch die alkoholische Gärung dieser Frucht, die ein bis acht Monate dauert. Von einem Heilgetränk verwandelte sich der *Pacharán navarro* in einen modischen Drink. Er wird durch einen Handelsnamen geschützt.

**Pochas (weiße Bohnen).** In den Gemüsegärten von Navarra gibt es zwei Sorten dieser weißen Bohnen: die nierenförmige und die sehr geschätzte rundliche, ursprünglich aus Sangüesa, mit viel Stärke und einer sehr feinen Haut. Navarra ist die Wiege der Pocha-Bohne, wenngleich sie uns auch in La Rioja begegnet. Die Pocha-Bohne von La Rochapea in der Provinz Pamplona existiert seit mindestens hundert Jahren. Ihr köstlicher Geschmack hält nur bis zum Herbstbeginn an. Sie wird auch in Puente la Reina und anderen Dörfern in Navarra angebaut.

## LA RIOJA

In La Rioja gibt es einen Produktschutz unter der Bezeichnung *Registro y Certificado* (Registriert mit Zertifikat), der sich auf ein breites Spektrum von Produkten aus La Rioja erstreckt. Natürlich kommen noch die übrigen Bezeichnungen zu Herkunft und Qualität sowie der Handelsname dazu.

**Chorizo riojano (rote Paprikawurst aus La Rioja).** Sie ist mittelalterlichen Ursprungs, ihre gegenwärtige Form hat sie seit dem 18. Jahrhundert. Sie ist gerade (stark getrocknet) oder hufeisenförmig (weniger getrocknet). Sie trägt die Bezeichnung registriert mit Zertifikat.

**Jamón riojano (Schinken aus La Rioja).** Seit Columela und seinen zwölf Büchern über die Landwirtschaft ist das iberische Schwein bekannt. Dieser Schinken aus La Rioja ist getrocknet, vom weißen Schwein, ohne Haut und gepökelt. Er trägt die Bezeichnung registriert mit Zertifikat.

**Queso camerano.** Dieser Käse stammt aus der Tierra de Cameros, einem Weidegebiet für Ziegen. Er wird aus Ziegenmilch, Tierlab und Kochsalz hergestellt. Heute konzentrieren sich die Ziegenwirtschaften im Leza-Tal. Es ist ein frischer, lockerer, weicher und extra fetter Käse.

**Pimientos de La Rioja (Paprika aus La Rioja).** Auch *pimientos de cristal* (Kristallpaprika) und *pimientos soperos* (Suppenpaprika) genannt. Eine besondere Sorte sind die getrockneten *guindillas* (klein, rund, scharf). Diese Paprika werden auf traditionelle Art getrocknet, indem man sie an einem Faden aufreiht. Die Paprikaketten werden auf den Boden gelegt oder an den Häusern aufgehängt.

**Caparrones (kugelförmige Bohnen).** Auch als *alubias pintas* (gesprenkelte Bohnen) oder *caparrones rojas de Logroño* (rote Bohnen aus Logroño) bezeichnet. Die Bohnen sind dunkelpurpur auf weißem Grund, rund, voll und mittelgroß. Sie werden begrenzt auch in Asturias und Burgos angebaut.

**Fardelejos de Arnedo.** Gebäck aus einem marzipanähnlichen Teig, überzogen mit einer dünnen Schicht Blätterteig. Dieses Gebäck besteht aus einem typisch arabischen (vielleicht auch hebräischen) Teig. Seit Jahrhunderten wird es ausschließlich in Arnedo hergestellt. Familie Solana ist dafür schon seit über fünf Generationen zuständig. Man isst sie bei Familientreffen, auf Volksfesten und an den Namenstagen von Schutzpatronen in Arnedo. Ihre Bezeichnung ist: registriert mit Zertifikat.

**Mazapán de Soto (Marzipan aus Soto).** Dieses, auf arabische Ursprünge zurückgehende Marzipan hat die Form eines stumpfen Kegels, misst unten 4,5 Zentimeter im Durchmesser und wiegt 50 Gramm. Es wird auch mit Schokoladenüberzug angeboten und ist besonders saftig. Registriert mit Zertifikat.

**Pastillas de café con leche (Kaffeepastillen mit Milch).** Andere Varianten sind die Toffees aus Milch und die Karamellbonbons. Die Toffees aus Milch können aus Pinienkernen, Mandeln, Rahm, Mokka und Eiercrème sein und werden in Schokolade getaucht. Ihre Entstehung wird auf 1880 in Logroño datiert. Auf einem Etikett der Marke *La Cabra* (Die Ziege) vom Ende des 19. Jahrhunderts steht die Inschrift „ehemalige Hoflieferanten". Diese Fabrik besitzt seit 1994 das Prädikat Rioja Calidad (Qualitätssiegel La Rioja). Registriert mit Zertifikat.

**Caracoles (Schnecken).** Sie sind in La Rioja sowie in anderen Gegenden Spaniens traditionell sehr beliebt. Sie werden gezüchtet und kommen in Dosen im eigenen Saft auf den Markt sowie in Netzen verpackt, die in Fischhandlungen angeboten werden.

**Espárragos de Navarra (Spargel aus Navarra).** Wenngleich diese Bezeichnung sich ursprünglich ausschließlich auf Navarra bezog, wurde der Handelsname Spargel aus Navar-ra erweitert, um auch einen Teil von La Rioja und sogar Aragón einzuschließen (Beschreibung siehe dort).

## KASTILIEN UND LEÓN

**Lechazo de Castilla y León (Milchlamm aus Kastilien und León).** Es wird ausschließlich mit Muttermilch aufgezogen. Es weidet nicht, noch bekommt es anderes Futter, bis es ein Lebendgewicht zwischen zehn und vierzehn Kilo erreicht hat. Sein Schlachtgewicht schwankt zwischen viereinhalb und sechs Kilo. Vermerk geographisch geschützt.

**Farinato.** Das ist eine Wurst, hergestellt aus Brotkrumen, Öl, Schweineschmalz, Mehl, Salz, Paprika und Zwiebel. Manchmal kommen Gartenkürbis, Anissamen und Schnaps dazu. Verkauft wird die Wurst hufeisenförmig, platt gedrückt und ellipsenförmig. Sie ist ockerfarben und hat einen charakteristischen Geschmack. Ursprünglich stammt sie aus Salamanca, aber auch Ciudad Rodrigo ist bekannt für seine köstlichen Farinato-Würste. Üblicherweise isst man sie in den Wintermonaten und reicht dazu Milchreis oder Gebäck in Form von *natillas a la bejarana* (zu *natillas* siehe unten).

**Queso castellano (kastilischer Käse).** Ein zylindrischer Käse, hergestellt aus Schafmilch,

Tierlab und Kochsalz. In Kastilien und León liegt der Großteil der industriellen Käseproduktion Spaniens. Im Nordteil der Meseta (spanische Hochebene) weist der kastilische Käse einige besondere Merkmale auf, denn die verwendete Milch kommt von einheimischen Schafrassen, der *churra-* und der *castellana-*Rasse. Zudem ist das Klima extremer und feuchter als im Südteil. Der Käse wird in der gesamten Region und ganz besonders in Valladolid, Palencia, León und Salamanca hergestellt. Eine Herkunftsbezeichnung ist geplant.

**Queso Villalón (Villalón-Käse).** Er ist auch bekannt als *queso de pata de mulo* (Käse vom Maultierfuß) oder *queso de encella.* Es ist ein frischer oder gereifter Käse, weich bis halb getrocknet, aus pasteurisierter Schaf- oder Kuhmilch oder auch gemischt aus beiden. Er ist wurstförmig, im Anschnitt rund oder oval. Früher ließ man diesen Käse in Weinkellern reifen. Traditionell wurde er von Hirten im kastilischen Gebirge Tierra de Campos für den Eigenbedarf und zum Verkauf auf dem Markt von Villalón de Campos hergestellt. Im 19. Jahrhundert war Käse aus Villalón und Burgos auf dem Markt sehr begehrt. Ursprünglich wurde er in Valladolid, Palencia, León und Zamora hergestellt. Heute stellt man ihn überall in Spanien in vielen großen Käsefabriken her. Eine Herkunftsbezeichnung ist geplant.

**Garbanzos de Fuentesaúco (Kichererbsen aus Fuentesaúco).** Diese Kichererbsen *(Cicer arietinum)* gehören zur kastilischen Sorte ‚Macrocarpum'. Sie sind mittelgroß bis groß, rund, gelblich mit deutlichen Furchen und einer ausgeprägten gekrümmten Spitze. Kichererbsen dieser Sorte werden in Fuentesaúco in Zamora angebaut. Sie kommen in zahlreichen Gerichten und in für die kastilisch-leonische Küche typischen Eintöpfen vor. Es gibt eine provisorische Herkunftsbezeichnung.

**Hornazo de Salamanca (Salamanca-Pastete).** Damit ist eine ovale oder rundliche Pastete gemeint, die mit hart gekochtem Ei, roter Paprikawurst, Schinken und Schweinelende gefüllt ist. Derartige Pasteten werden an vielen Orten in Spanien in mehr oder weniger vielen Varianten hergestellt. Da das Ei als Symbol für die Auferstehung gilt, werden diese Pasteten vermehrt zu Ostern hergestellt. Es gibt dafür Belege, dass es diese Pasteten schon im 16. Jahrhundert gegeben hat.

**Pan de candeal (Weißbrot).** Es wird auch als *pan de cuadra* (Viereckbrot), *pan de rosca* (Schneckenbrot) oder *pan redondo* (rundliches Brot) bezeichnet. Es ist ein Brotlaib aus dichter, weißer Krume mit goldgelber Kruste. Seine Form ist gewöhnlich rundlich oder schneckenförmig. Es wird aus dem Mehl einer Weißmehlweizenart hergestellt, die früher in Kastilien angebaut wurde. Dieses Brot wurde traditionell in weißen Flachskörben oder in Holzbehältern aufbewahrt. Wenngleich es die Sorte *candeal* (weiß) nicht mehr gibt, wird Brot von gleicher Art mit Weizenmehl hergestellt. In Kastilien und León hat man ungefähr 2500 Bäckereien gezählt, die dieses Brot herstellen.

**Bollo maimón (Maimon-Kugel).** Das ist eine sehr luftige, beinahe schwammartige Kugel von fünfzehn bis zwanzig Zentimeter Durchmesser, hergestellt aus Ei, Stärke und Zucker. Sie ist goldgelb und außen glatt. Sie wurde in der Literatur vielfach gelobt und durfte auf keiner Hochzeitsfeier in Kastilien fehlen, vor allem nicht in Zamora und Salamanca.

**Morcilla de Burgos (Burgos-Blutwurst).** Sie wird aufgereiht oder im Stück angeboten. Ihre Zutaten sind Reis, Schweineschmalz und -blut, Zwiebel, Salz, Pfeffer, Paprika, Oregano und andere Gewürze (Thymian, Nelke, Koriander usw.). Zu ihrer Herstellung kann man entweder rohen oder halbgaren Reis nehmen. Sie wird in Schweinedarm gefüllt. Hergestellt wird sie hauptsächlich in Burgos, wenngleich sie in ganz Spanien Nachahmer findet. Eine Herkunftsbezeichnung ist geplant.

**Queso de Burgos (Burgos-Käse).** Seine Form ist zylindrisch. Er ist zehn bis fünfzehn Zentimeter im Durchmesser und sein Gewicht schwankt zwischen einem und drei Kilo. Er besitzt keine Rinde und ist weiß, innen kompakt und glänzend und von weicher Textur. Sein Geschmack ist mild und milchig, nur leicht gesalzen. Vor vielen Jahren fand in Burgos regelmäßig ein Wochenmarkt für Tierzüchter und Bauern aus der Umgebung statt, auf dem sie ihre Produkte verkauften, darunter auch diesen Käse.

Der Südteil der Provinz ist bekannt für seine Herden von *churras*-Schafen, die Fleisch und Milch in großen Mengen liefern. Mit ihrer Milch werden die Käse und der Quark aus Briviesca hergestellt. Diese Käse haben dieselbe Rezeptur, reifen jedoch länger.

Hauptproduktionsgebiete sind Burgos, seine Umgebung und Briviesca; dort wie in vielen anderen Orten in ganz Spanien, erfolgt die Produktion heute industriell. Eine Herkunftsbezeichnung ist geplant.

**Queso da la Bureba (Bureba-Käse).** Auch bekannt als *queso de los altos* (Käse aus den Höhen). Er hat die Form eines stumpfen Kegels oder einer Glocke, auf jeden Fall eigenartig und unregelmäßig wegen der verwendeten Keramikformen. Dieser Käse ist gereift, weich bis halb getrocknet, zubereitet aus Schafmilch, Tierlab und Kochsalz. Ursprünglich wurde er von Hand vor allem von Hirten in großen Mengen hergestellt und auf den Viehmärkten von Villadiego, Poza de la Sal und Villarcayo angeboten. Gegenwärtig ist sein Herstellungsgebiet der Landstrich um Bureba und Los Páramos, im nordöstlichen Teil der Provinz Burgos.

**Cecina de Villarramiel (Dörrfleisch aus Villarramiel).** Dazu dient Fleisch vom Pferd oder Maultier ohne Knochen, von den Vorder- und Hinterpartien, von den Lenden und vom Nacken. Es wird mit grobem Salz, Paprika, manchmal auch mit Knoblauch und Oregano gewürzt. Das Fleisch ist rot und an den Rändern dunkler. Sein Farbton vertieft sich mit der Zeit. Sein Geschmack ist leicht süß und nicht sehr intensiv. Sein Ursprung lässt sich bis ins 18. Jahrhundert zurückverfolgen, als es große Mengen von Maultieren unter anderem für den Transport gab. Die älteren Tiere, die nicht mehr zur Arbeit taugten, wurden zu Dörrfleisch verarbeitet.

**Almendrados de Villoldo (Mandelgebäck aus Villoldo).** Blätterteig, mit Mandelblättchen überzogen, in kleine rechteckige Stücke geschnitten. Das Gebäck gibt es seit Beginn des 20. Jahrhunderts. Sein Erfinder war Heriberto Pedrosa. Das Rezept wurde vom Vater an die Kinder weitergereicht. Es wird auch weiterhin von Familie Pedroso in Villoldo hergestellt, die es das ganze Jahr über in ihrer Konditorei anbietet.

**Amarguillos de Villoldo (Mandelgebäck aus Villoldo).** Dies sind weiche, runde Kekse von der Farbe gerösteter Mandeln, hergestellt aus Mandeln, Zucker und Ei. Wie die *almendrados* stammen sie aus der Konditorei der Familie Pedroso.

**Botillo del Bierzo (Botillo-Wurst aus El Bierzo).** Sie gilt als eine Variante der *Androlla*-Wurst sowie ähnlicher Würste in der Provinz Lugo, die dort unter den Namen *bótelo, butielo* oder *butelo* bekannt sind. Die *Botillo*-Wurst wird aus Rippen, Schwanz und Knochen, aus Fleisch und Muskelpartien hergestellt. Man isst dazu Kartoffeln und auch Gemüse. Ihr Ursprung lässt sich bis in die Römerzeit zurückverfolgen, denn schon damals wurde sie in Galicien, Asturias und León hergestellt. In El Bierzo wird ihre Erfindung dagegen einer Legende zufolge den Tempelrittern zugeschrieben. Gegenwärtig konzentriert sich ihre Produktion auf den Landstrich von El Bierzo und die Region, die an die Provinz Lugo angrenzt. Der Gemeinderat von Bembibre (León) hat die erste Februarwoche zur Woche der *Botillo*-Wurst ausgerufen. Vermerk geographisch geschützt.

**Cecina de León (Dörrfleisch aus León).** Dieses Dörrfleisch wird erst gepökelt, dann an der Luft getrocknet und über einem Feuer aus Eichenholz geräuchert. *Cecina de León* ist Rindfleisch ohne Knochen, gewürzt mit Salz, Knoblauch, Paprika und Oregano. Varianten dieses Dörrfleisches sind der so genannte *tasajo extremeño* und der *salón manchego* (Dörrfleisch aus Extremadura bzw. La Mancha).

Das Konservieren von Fleisch durch Trocknen ist eine uralte Technik. Im Mittelalter galt Trockenfleisch als Leckerbissen für Könige. Sein Konsum unter Landbewohnern kam dagegen erst im 16. und 17. Jahrhundert auf. 1513 beschreibt Gabriel Alonso de Herrera in seinem Werk „Agricultura General" (Allgemeine Landwirtschaft), minutiös die Zubereitung von Dörrfleisch aus dem Fleisch von Schwein, Schafbock, Schaf, Ziege und Kuh. *Cecina de León* wird in Astorga, im Landstrich El Bierzo hergestellt. Vermerk geographisch geschützt.

**Queso de Babia y Laciana (Käse aus den Babia- und Laciana-Tälern).** Das ist ein frischer gereifter Käse, weich bis halb getrocknet, von Hand aus roher Ziegenvollmilch hergestellt. Seine Form ist zylindrisch und er misst fünfzehn Zentimeter im Durchmesser. Die Rinde ist rau, gelb, braun oder leicht grünbläulich. Hergestellt wird er in den Tälern Babia und Laciana im Norden der Provinz León. In alten Zeiten schätzte man Kuhmilch besonders für die Zubereitung von Butter, während die Ziegenmilch zur Herstellung von Käse für den Familiengebrauch oder zum Tauschhandel verwendet wurde.

**Queso de la Armada (Armada-Käse).** Er wird auch als *queso de calostro* (Kolostralkäse) bezeichnet. Andere Sorten heißen *sobao, queso de mortero* und *quemón*. Der *queso de la Armada* wird aus Kolostralmilch vom zweiten bis zum fünften Melken, Tierlab und Kochsalz hergestellt. Seine Form ist ein Prisma oder eine abgeschnittene Pyramide, wobei die Außenseite von den Falten des Stoffbeutels markiert ist, der als Form verwendet wurde. Es ist ein gereifter, halb getrockneter bis getrockneter Käse mit einem starken, sauren, pikanten und leicht bitteren Geschmack. Er wird von Hand hergestellt. Der *sobao* ist eine ebenfalls von Hand hergestellte Variante, für den *mortero* dient ein Mörser als Form und der *quemón* ähnelt dem *queso tupí* oder *al gaztarra*.

Es ist einer der ungewöhnlichsten Käse wegen der Verwendung von Kolostralmilch (die erste Milch, die eine Kuh nach dem Werfen gibt), die allerdings mit normaler Kuh- oder Ziegenmilch vermischt wird, weil ihre Menge nicht ausreichend für die Käseproduktion wäre. Ungewöhnlich ist auch das Reifen in Baumwollbeuteln. Sein Produktionsgebiet ist der Landstrich Armada in der Provinz León in einer Höhe von 1500 Metern.

**Queso de León (León-Käse).** Aus Kuhmilch hergestellt, zylindrisch oder stumpfkegelig mit einer rauen Rinde und einem Durchmesser von zwölf bis zwanzig Zentimeter. Die Rinde ist hart, gestreift, gelblich und leicht schimmlig. Der Teig ist weiß, fest und ohne Löcher, mit intensivem Geschmack. Es ist ein reifer Käse, von weich bis halb getrocknet. Er ähnelt dem *queso de los Beyos*. Sein Herstellungsgebiet entspricht der hoch gelegenen Zone am Fluss Sella. Herausragend ist vor allem die Produktion der Dörfer Soto und Oseja de Sajambre.

**Queso de Valdeón (Valdeón-Käse).** Er ist auch bekannt als *queso de Posada de Valdeón*.

Es ist ein Blauschimmelkäse mit zylindrischer Form, mit glatten Seiten, einem Durchmesser von 20 Zentimetern und einem Gewicht zwischen zwei und zweieinhalb Kilo.

Seine Rinde ist weich und geschmeidig, ihre Farbe weiß-rötlich. Der Teig ist weißgelblich, mit einer blaugrünlichen Maserung. Schon seit alter Zeit reift er in natürlichen Höhlen. Die Temperatur in den Höhlen begünstigt das Entstehen von Milchkulturen und die so typische blaugrünliche Farbe. Er wird im Valdeón-Tal nordwestlich von León hergestellt. Eine Herkunftsbezeichnung ist geplant.

**Queso de Valdeteja (Valdeteja-Käse).** Dieser Käse wird aus Ziegenmilch, Tierlab und Kochsalz hergestellt. Seine Form ist unregelmäßig zylindrisch und er hat einen Durchmesser von fünfzehn Zentimetern.

Die Rinde ist rau, halbfest und trocken, ihre Farbe hellbraun oder gelblich. Der Teig ist fest und weißgelblich und im Anschnitt matt und mit kleinen Löchern. Der Geschmack ist stark, etwas pikant; er riecht intensiv und leicht faulig. Dieser Käse wird noch überwiegend von Hand hergestellt und ist sehr geschätzt. Er entwickelt außen eine Schimmelschicht und ist einer der wenigen Käse mit

„gewaschener Rinde". Er wird in verschiedenen Dörfern am Mittellauf im Flusstal des Curueño (León) hergestellt. Eine Herkunftsbezeichnung ist geplant.

**Castañas en almíbar (Kastanien in Sirup).** Für die Kastanien in Sirup nimmt man die Kastaniensorte von El Bierzo (klein und sehr aromatisch). Der Sirup wird mit Wasser und Zucker hergestellt, man kann aber auch Kaffee und Vanille dazugeben. Die Herstellung erfolgt in El Bierzo, weil es hier Kastanien im Überfluss gibt, die weite Flächen des Geländes einnehmen. Es gibt zwei kleine Fabriken in Cacabelos und in Carracedelo. Die Kastanien werden als Konserven angeboten.

Feigen in Sirup werden genauso zubereitet wie die Kastanien. Dazu nimmt man die Sorten *breva, boñigar, doñigal, melar* und *zafarí* und die grünen Feigen aus El Bierzo.

**Manzanas reinetas de El Bierzo (Reinetteäpfel aus El Bierzo).** Es gibt zwei Sorten: weiße und graue Reinetteäpfel. Sie duften nach Kräutern, reifen Äpfeln und Vanille. Ihr Geschmack ist perfekt ausgewogen zwischen sauer und süß. Geschützte Herkunftsbezeichnung.

**Peras conferencia de El Bierzo (Birnen aus El Bierzo).** Sie haben eine grünbräunliche Haut, die sich rau anfühlt, ihr Fruchtfleisch ist weiß, saftig und süß, wenn sie ihre optimale Reife erreicht haben. Eine Bezeichnung ist geplant.

**Pimientos de El Bierzo asados (gebratene Paprika aus El Bierzo).** Eine einheimische Sorte, die verschiedene Formen und Größen umfasst. Sie ist rot, im allgemeinen groß, ihr Geschmack süß und ein wenig pikant. Die Paprika gelangten im Jahr 1500 ins Kloster Carracedo, wo sie von spanischen und französischen Mönchen, die dort lebten, angebaut wurden. Sie kommen in einem bercianischen Lied in der beliebtesten Strophe über die Schutzherrin von El Bierzo, die *Virgen de la Encina* (Jungfrau von der Eiche), vor.

Sie werden auf einem Ofen gebraten, in dem ein Feuer aus Eichen- und Kastanienholz brennt. Sie werden dann von Hand enthäutet, mit Zitronensaft beträufelt und in Gläsern konserviert. Sie werden in verschiedenen Orten in El Bierzo hergestellt. Eine Herkunftsbezeichnung ist geplant.

**Alubias de León-La Bañeza (Bohnen aus León-La Bañeza).** Diese Bezeichnung umfasst zahlreiche Bohnensorten; die *blanca redonda,* die *larga selecta,* die *blanca riñón* und die *cuarentena* (die beiden zuletzt genannten Sorten sind rückläufig wegen ihrer geringeren Krankheitsresistenz, genau wie die *plancheta,* die einen sehr niedrigen Proteingehalt hat). Andere Sorten sind die *palmeña jaspeada* und die *pinta de León.* Eine Bezeichnung ist geplant.

**Lazos de San Guillermo (Wilhelmsschleifen).** Dies ist ein Blätterteiggebäck in Schleifenform. Die Schleifen gehen auf 1908 zurück, als sie in der Casa Montañés in Cisrierna hergestellt wurden. Seit ungefähr vierzig Jahren werden sie in Dosen vertrieben. Der heilige Wilhelm ist der Schutzpatron von Cisrierna. Die *lazos* werden an zwei Orten hergestellt: in Cisrierna (Leòn) und in der Hauptstadt Leòn.

**Mantecadas de Astorga (Butterkuchen aus Astorga).** Sie haben die Form einer umgekehrten, stumpfen Pyramide. Der obere Teil ist gewölbt, die Basis ist quadratisch mit einer Seitenlänge von sechs Zentimetern. Sie sind vier Zentimeter hoch. Sie werden aus Mehl, Butter, Zucker und frischen Eiern hergestellt und kommen in typischen Pappschachteln, handgemacht von Frauen, die man *cajilleras* nennt, auf den Markt.

Allem Anschein nach geht ihre Entstehung auf das Jahr 1805 zurück. In einem schriftlichen Beleg mit diesem Datum werden die Butterkuchen als Weihnachtsgebäck erwähnt. Wie ihr Name besagt, werden sie in Astorga hergestellt. Eine Herkunftsbezeichnung ist geplant.

**Nicanores de Boñar.** Die Forellentorte von Boñar und die *lazos de San Guillermo* aus Cisrierna (siehe oben) werden nach einem sehr ähnlich klingenden Rezept hergestellt. Es ist ein Blätterteig in Form eines gezackten Zylinders mit einer achtblättrigen Margerite. Der Teig wird aus Weizenmehl, Butter, Zucker, Eiern, Weißwein und Salz zubereitet. Dieses Gebäck wurde 1880 von Nicanor Rodríguez González erfunden. Anfangs nannte man es einfach Blätterteiggebäck, sein gegenwärtiger Name erinnert an den Erfinder. Die zahlreichen Besucher im Kurort Boñar trugen zur Verbreitung dieses Namens, *nicanores,* bei.

**Aguardiente de El Bierzo (El-Bierzo-Schnaps).** Es handelt sich um einen Weintrester, der von der Rebsorte *mencía* gewonnen wird. Er ist farblos, duftet intensiv und hat einen hohen Alkoholgehalt (40 %). Es gibt Varianten wie Weintresterlikör mit Kirschen, Sauerkirschen, grünen Nüssen und Kaffee. Sie werden hergestellt, indem man diese Rohstoffe im Schnaps weichen lässt und dann Zucker dazugibt.

Seine Herstellung im Destillierkolben hat in allen Dörfern im Landstrich El Bierzo eine lange Tradition. In Cacabelos war das Destillieren zu Hause noch vor zwanzig Jahren weit verbreitet. Auch heute besitzt man in Privathäusern Destillierkolben. Aber diese Zubereitung von Hand wird von den Finanz- und Gesundheitsämtern überwacht und geht langsam, aber sicher zurück. Das Herstellungsgebiet konzentriert sich gegenwärtig auf den Landstrich El Bierzo, in dem der *aguardiente* in vier Fabriken hergestellt wird.

## GALICIEN

**Ternera gallega (galicisches Kalb).** Dieses Frischfleisch stammt von in Galicien geborenen, gezüchteten und geschlachteten Kälbern, die natürlich ernährt wurden. Das Fleisch ist rosa, weich und saftig. Es trägt den Vermerk geographisch geschützt.

Das rote Fleisch ist durch den Handelsnamen *Rubia Gallega* geschützt.

**Jamón gallego (galicischer Schinken).** Er ist frisch, wird mit Salz eingerieben und wird so viele Tage gelagert, wie er in Kilogramm wiegt. Anschließend wird er getrocknet oder geräuchert. Danach kommt er zur Aufbewahrung entweder in den Keller oder auf den Boden. Die Produktion von Hand erfolgt in ganz Galicien.

**Morcilla gallega (galicische Blutwurst).** Sie wird nach dem Schlachten aus Schweineblut, Schweinefett und -schmalz, Brotbrösel und Pinienkernen hergestellt. Auch Kartoffeln und Äpfel können hineingegeben werden. Ihre Farbe ist dunkel. Sie ist uralt und wird gebraten oder gekocht verspeist.

Eine Variante davon ist die Paprikawurst mit Zwiebeln, zubereitet mit Wamme, Lunge, Zwiebel, Blut, Kürbisfleisch, Weißwein und Gewürzen.

**Lacón gallego (galicischer Vorderschinken).** Die Schweineschulter wird, für kürzere oder längere Zeit, gepökelt und danach getrocknet. Dieser Schinken wird in allen Weilern und Dörfern in Galicien nach dem Schlachten hergestellt.

Im 13. Jahrhundert war der Vorderschinken ein wichtiges Handelsgut in Galicien. Er trägt den Vermerk geographisch geschützt.

**Chorizo Ouzande de Bandeira (Paprikawurst aus Ouzande de Bandeira).** Die kleinen Würste sind außen etwas rau und dunkelfarbig. Sie werden an Schnüren aufgereiht. Man lagert sie in Einmachgläsern und Dosen in Schweineschmalz. Man kann sie roh, gekocht oder gebraten essen. Sie werden in der Provinz Pontevedra seit dem 18. Jahrhundert hergestellt.

**Grelos de Galicia (galicische Steckrübenstängel).** Je nach dem Wachstumsstand heißen sie auch *nabizas* (Rübchen) und *cimons*. Sie werden seit undenklicher Zeit in ganz Galicien angebaut und waren Nahrungsmittel für Mensch und Tier. Am letzten Tag im Februar begeht man zu Ehren dieses Gemüses in As Pontes (La Coruña) die *Fiesta del Grelo*.

**Patata de Galicia (galicische Kartoffel).** Sie wird auch *pataca de Galicia* genannt. Es ist eine Knollenfrucht der Pflanze *Solanum tuberosum*. Die Sorte ‚Kennebeck', mit glatter Schale, von gelblichweißer Farbe, mit weißem Fleisch eignet sich hervorragend zum Kochen. Die berühmten *cachelos,* Kartoffeln in der Schale, sind typisch für Galicien und sie kommen in zahlreichen traditionellen Gerichten wie Sardinen mit Kartoffeln vor. In Ermida-Pazos in Borbén (Pontevedra) feiert man am zweiten Sonntag nach Ostern ein Kartoffelfest, die *Festa das Papas*.

Die drei Zonen mit kommerzialisierter Produktion sind: Bergantines (La Coruña), Terracha (Lugo) und La Limia (Orense). Die galicische Kartoffel ist durch einen Handelsnamen geschützt.

**Angula de Galicia (galicischer Aal).** Der Aalfang im Fluss Miño geht auf eine mindestens hundertjährige Tradition zurück. Der Fang beschränkt sich auf die Flussmündung des Miño.

**Lamprea de Galicia (galicisches Neunauge).** Auch unter dem Namen *lamepiedra* bekannt; es ist ein Knorpelfisch von sehr ursprünglichem Aussehen Sein Fleisch schmeckt seltsamerweise nicht nach Fisch. Seine Verwendung in der Küche ist uralt, denn schon Kelten und Römer lobten ihn.

**Rodaballo de Galicia (galicischer Steinbutt).** Dieser Fisch ist trapezförmig, sein Fleisch ist fest, weiß, saftig und aromatisch.

Man kannte ihn schon im klassischen Griechenland und Rom; die galicischen Mönche bezeichneten ihn als den „König der Fastenzeit".

**Almeja de Galicia (galicische Venusmuschel).** Es gibt gleich mehrere Sorten, die zur Gattung *Tapes* gehören: die glatte, die raue und die strahlenförmige Venusmuschel, ebenso die Herzmuschel, die zur Gattung *Cardoium* gehört.

**Centollo de Galicia (Große Seespinne aus Galicien).** Auf Spanisch auch *centola, centolo,* vor allem aber *centolla* genannt. Sie wird zu den Dekapoden gezählt. Sie lebt in den Rías in Galicien und entlang der galicischen Küste auf steinigem und sandigem Grund. In Pontevedra ist die *sopa de centollo* (Suppe mit Großen Seespinnen) typisch. Besonderer Wertschätzung erfreuen sich die Großen Seespinnen aus Finisterre.

**Mejillón de Galicia (galicische Miesmuschel).** 1945 wurde in Villanueva de Arosa der erste „Muschelgarten" für die Miesmuschelzucht eröffnet. In O Grove (Pontevedra) begeht man am zweiten Samstag im Oktober die *Fiesta del Mejillón*. Sie trägt eine Herkunftsbezeichnung.

**Ostras (Austern).** Galicische Austern standen schon auf dem Speiseplan des prähistorischen Menschen ebenso wie auf dem der Menschen im 16. bis 17. und auch im 19. Jahrhundert, als die Austern nicht nur nach England, sondern nach ganz Europa, mariniert und in Holzfässern eingemacht, exportiert wurden.

**Percebes (Entenmuscheln).** Diese Muschel hat die Form eines Fingers, der mit einer schwarzen, gummiartigen und beweglichen Haut bedeckt ist und in eine Art kleinen weißen Huf ausläuft. Sie gehört mit zu den beliebtesten Schalentieren. Man isst sie gekocht ohne weitere Zutaten. Berühmt sind die Entenmuscheln von Cedeira und Corme.

**Bogavante (Hummer).** Der Hummer gelangte an den Hof in Madrid dank einiger Bewohner aus der Maragatería, die den Transport der besten galicischen Meerestiere in die Hauptstadt übernahmen.

**Pulpo (Krake).** Am zweiten Sonntag im August begeht man in Carballino (Orense) die *Fiesta del Pulpo*. Erstaunlicherweise sind hauptsächlich die Gerichte mit Krake, die im Landesinneren in Orten wie Arzúa, Monterroso und Carballino oder auf dem Jahrmarkt in der Stadt Lugo zubereitet werden, am berühmtesten.

**Santiaguiño.** Wegen seines exquisiten Fleisches geschätztes Krebstier. Sein rechteckiger Panzer mit den kurzen Beinen erinnert an das Kreuz von Santiago.

**Vieira (Jakobsmuschel).** Die *volandería* und die *zamburiña* sind Unterarten der Jakobsmuschel. Ihre Existenz ist seit prähistorischer Zeit bekannt. Die ausländischen Pilger trugen eingenäht in ihre Pelerine eine oder mehrere Jakobsmuscheln als Beweis dafür, dass sie in Santiago waren. Die Jakobsmuschel lebt in Flussmündungen. Zu Weihnachten steigt ihr Preis am höchsten.

**Bica (süßes Gebäck).** In alter Zeit ersetzte dieses süße Gebäck das Brot, wenn es ausgegangen war. Hergestellt wird es aus gesäuertem Teig mit Eiern, Butter, Zucker, geriebener Zitronenschale und Zimt. Es wird in einer Form gebacken. Das Gebäck aus ungesäuertem Maisteig ist ähnlich.

In Puebla de Trives (Orense) begeht man am letzten Juni-Sonntag die *Festa da Bica* (so lautet die traditionelle galicische Bezeichnung). Am bekanntesten sind die *bicas* aus Orense und aus Povoa de Trives.

**Filloas (Crêpes).** Es gibt *filloas* mit Brühe und *filloas de sangre* (Crêpes mit Blut) oder *de matanza* (zum Schlachtfest). Es sind sehr dünne Pfannkuchen, zubereitet aus geschlagenen Eiern, Weizenmehl und Milch. Sie ähneln stark den französischen Crêpes und auch den *faguelles* in Asturien. Ihre Ursprung ist nicht genau zu bestimmen. Man weiß nicht, ob die französischen oder die galicischen Crêpes älter sind. Die *filloas* werden traditionell zum Karneval, in der Weihnachtsnacht und zum Schlachtfest, wenn ein Schwein geschlachtet wird, gegessen.

**Tarta de Santiago (Santiago-Torte).** Diese berühmte Torte mit dem Kreuz von Santiago ist flach und wird aus einem Mandelteig gebacken. Sie wird mit einer kreuzförmigen Schablone abgedeckt und dann mit Puderzucker bestäubt (siehe Seite 229).

**Miel de Galicia (galicischer Honig).** Dieser Honig hat ein dunkles Bernsteingelb, er ist fest, mit groben Kristallen. Er stammt von vielen verschiedenen Blütenarten, die auf den sauren Böden von Galicien gedeihen. Er trägt einen Handelsnamen.

**Empanada gallega (galicische Pastete).** Sie wird mit einem speziellen Pastetenteig hergestellt oder mit einem Weißbrotteig. Gefüllt wird sie mit allerlei Fleisch, Fischen oder Meerestieren. Die erste bildliche Darstellung einer Pastete befindet sich an den Konsolen im Erzbischofspalast in Gelmírez aus dem 12. Jahrhundert, die anlässlich der Hochzeit von Alfons IX. angefertigt wurden. In Bandeira (Pontevedra) begeht man die *Fiesta de la Empanada.*

**Hogaza gallega (galicisches Brot).** Das ist gesäuertes Brot aus Weizenmehl und Wasser, das im Backofen gebacken wurde. Es ist rund und flach, ziemlich groß und schwer. Dank des verwendeten Mehls, und an einigen Orten auch dank der Güte des Wassers, schmeckt es besonders gut.

**Pan de broa (Zwiebackbrot).** Das ist ein Brot aus Maismehl, vermischt mit Roggen und Wasser. Es ist halbrund und abgeflacht, hat eine dunkle Farbe, eine dichte Krume und einen intensiven, leicht säuerlichen Geschmack. Es gibt noch weitere Sorten: den *oután,* ein Brot, das breiter als hoch ist, und die *petada,* ein kleines Brot. Ursprünglich, im 17. Jahrhundert, war es als das Brot der Armen bekannt.

**Pan de Cea (Cea-Brot).** Ein Brot, das an seinen beiden Enden verbreitert und abgerundet ist, mit einem Querspalt, der es in zwei gleiche Teile teilt. Dieses Brot wurde durch Sancho IV. bekannt, der im Jahr 1286 den Jahrmarkt von Cea ins Leben rief.

**Orujo de Galicia (galicischer Tresterschnaps).** Der galicische Tresterschnaps, der durch das Destillieren von Trester, also Pressrückständen von Weintrauben, gewonnen wird.

Dieser Schnaps ist der Ausgangsstoff für die berühmten *queimadas,* die Feuerbowlen, die auf unzähligen Festen und Feiern zelebriert werden. Gemäß der Tradition vertreibt man damit nach einigen Beschwörungen böse Hexen. In ländlichen Gebieten verwendet man den Schnaps auch als Medizin gegen allerlei Arten von Beschwerden, äußerlich und innerlich … In Portomarín begeht man am Ostersonntag die *Fiesta del Aguardiente* (Schnapsfest). Orujo wird in ganz Galicien hergestellt und getrunken. Er hat einen Handelsnamen.

**Unto.** Das ist das Fett, mit dem die Eingeweide vom Schwein überzogen sind. Anfangs ist es weiß, aber mit der Zeit wir es ranzig und dunkelgelb. Dieses Fett wird sehr häufig in galicischen Gerichten wie Suppen oder Eintöpfen verwendet. Gibt man ein kleines Stück *unto* in ein Gericht, nimmt es ein ganz typisches Aroma und einen charakteristischen Geschmack an.

**Capón de Villalba (Kapaun von Villalba).** Dieses Hähnchen wird vor dem Schlachten mit Gerste gefüttert. Traditionell wird es am 19. Dezember auf dem Jahrmarkt von Villalba verkauft, damit es für Weihnachten zubereitet und am Feiertag gegessen werden kann. Seine Herkunft lässt sich bis ins Jahr 1200 zurückverfolgen. Damals war es eine Abgabe des Vasallen an seinen Herrn. Die klassische Literatur enthält zahlreiche Hinweise auf den Kapaun.

**Androlla (Androlla-Wurst).** Sie wird auch als *Paiota, Pedro Prez* oder *Pericón* bezeichnet und ist in einen im Durchmesser neunzehn bis fünfundzwanzig Zentimeter großen Darm gefüllt. Sie besteht aus Muskelfleisch von Zwerchfell und Rippen, Speck und manchmal Lungengewebe. Man würzt sie mit Salz, süßem und scharfem Paprika, Knoblauch und gelegentlich mit Zwiebeln.

**Castañas de Galicia (galicische Kastanien).** Sie kommen geschält, eingefroren oder köstlich zubereitet als glasierte Maronen, mit Madagaskar-Vanille aromatisiert, auf den Markt. Kastanien sind Gegenstand der *magostos* oder Kastanienfeste, die mit neuem Wein, weißem Brot, Käse und vielem mehr gefeiert werden. Diese *magostos* finden in der zweiten Oktober- und ersten Novemberhälfte statt. Das Hauptfest fällt mit Allerseelen zusammen. Ihre Produktion konzentriert sich rund um Lugo und Orense.

**Queso de Cebreiro (Cebreiro-Käse).** Dieser Käse wird aus Kuhmilch, Tierlab und Kochsalz hergestellt. Er hat die Form einer Kochmütze auf einem zylinderförmigen Boden. Hergestellt wird er ausschließlich von Hand im Gebiet um Piedrafita und den Gemeinden beim Cebreiro-Pass. Er hat eine Herkunftsbezeichnung.

**Queso de San Simón (Simon-Käse).** Der *San Simón de la Cuesta* (ist er klein, wird er als *bufón* bezeichnet) wird aus Kuhmilch, Tierlab und Kochsalz hergestellt. Er ist säuerlich und etwas pikant. Er wird auch weiterhin von Hand hergestellt und auf dem Jahrmarkt von Villalba (Lugo) verkauft. Industriell wird er in verschiedenen Gemeinden um Villalba und Muras, in Lugo, hergestellt. Er hat eine Herkunftsbezeichnung.

**Tarta de Mondoñedo (Mondoñedo-Torte).** Diese Torte ist durch ihre Füllung und die üppige Dekoration sehr gehaltvoll. Ihre Ursprünge oder zumindest einige ihrer Zutaten, sind wohl im Mittelalter zu suchen und sie dürften arabischer Herkunft sein. In Mondoñedo wird sie in Konditoreien hergestellt, aber auch in Privathäusern für besondere Feste.

**Tarta de Portomarín (Portomarín-Torte).** Diese Biskuittorte wird mit Mandeln, Mehl, Zucker und Eiern zubereitet und auf einem Blätterteig als Grundlage gebacken. In Lugo ist sie seit dem 19. Jahrhundert nachzuweisen, wenngleich sie noch älter sein könnte. Die Wiege des Blätterteigs steht in Frankreich. Die *tarte de portomarín* wird auch anderweitig in der Provinz, aber wie ihr Name schon sagt, vor allem in Portomarín hergestellt.

**Alubias de Bergantiños (Bergantiños-Bohnen).** Sie werden im Landstrich von Bergantines im äußersten Nordosten der Provinz La Coruña angebaut.

**Chorizo gallego (galicische Paprikawurst).** Die an einer Schnur aneinander gereihten Würste bestehen aus Magerfleisch vom Schwein, Speck oder Fett, Salz, süßem und scharfem Paprika, Knoblauch und anderen Würzzutaten. Hergestellt werden sie vor allem in La Coruña. Am 17. Januar (Tag des heiligen Anton) begeht man in Verín (Odense) die *Festa do Chourizo* (so ist die traditionelle galicische Bezeichnung für dieses Fest).

**Pimientos de Padrón (Padrón-Paprika).** Man nennt sie auch *pimientos de Herbón*. Sie sind grün, glänzend, kegelförmig, etwas rau und runzlig. Ihre Länge schwankt zwischen vier und fünf Zentimetern und sie sind unten zwischen zwei und drei Zentimeter breit.

Ihr Anbau begann in dem 1396 gegründeten Franziskanerkloster in der Gemeinde Herbón, die zu Padrón (La Coruña) gehörte. Im 16. Jahrhundert brachten Franziskaner die Samen aus Mexiko. Am ersten Samstag im August begeht man jährlich ein Fest zu Ehren dieser Paprika.

**Queso de Arzúa (Arzúa-Käse).** Er ist auch unter anderen Namen wie *queso de Ulloa, de Ulla, de patela, gallego* oder *perilla* bekannt. Er hat einen buttrig milden, leicht säuerlichen Geschmack. Früher wurde dieser traditionelle Käse in Arzúa (La Coruña) von Hand hergestellt. Gegenwärtig ist seine Herstellung überwiegend industriell. Er trägt eine Herkunftsbezeichnung.

**Queso de tetilla (Tetilla-Käse).** Er wird auch als *perilla, teta, tetilla* oder *teta de vaca* und *gallego de teta* bezeichnet. Er hat einen milden, weichen Buttergeschmack, ohne jede Spur von Salz. Das ist ein weiterer der historischen galicischen Käse mit eigenwilliger Form, denn man verwendet spezielle Formen – traditionell aus Holz –, die kegelförmig oder halbrund sind.

Ursprünglich wurde er überwiegend im Süden der Provinz La Coruña und im Norden von Pontevedra hergestellt. Er hat eine geschützte Herkunftsbezeichnung.

# PARADORES

Direkt am Jakobsweg:

**Huesca**

Parador de Bielsa, Monte Perdido
Valle de Pineta, S/N, 22350 Bielsa
Tel. 974 50 10 11, Fax. 974 50 11 88
E-Mail: bielsa@parador.es

**Navarra**

Parador de Olite, Príncipe de Viana
Plaza Teobaldos, 2, 31390 Olite
Tel. 948 74 00 00, Fax 948 74 02 01
E-Mail: olite@parador.es

**La Rioja**

Parador de Santo Domingo de la Calzada
Plaza del Santo, 3, 26250 Santo Domingo de la Calzada
Tel. 941 34 03 00, Fax 941 34 03 25
E-Mail: sto.domingo@parador.es

**León**

Parador Hostal San Marcos
Plaza de San Marcos, 7, 24001 León
Tel. 987 23 73 00, Fax 987 23 34 58
E-Mail: leon@parador.es

**Parador de Villafranca del Bierzo**

Avenida Calvo Sotelo, 28, 24500 Villafranca del Bierzo
Tel. 987 54 01 75, Fax 987 54 00 10
E-Mail: villafranca@parador.es

**A Coruña**

Parador „Hostal dos Reis Católicos", Santiago de Compostela
Plaza do Obradoiro, 1, 15705 Santiago de Compostela
Tel. 981 58 22 00, Fax 981 56 30 94
E-Mail: santiago@parador.es

Weitere Paradores im Norden (von Osten nach Westen):

**Guipúzcoa**

Parador de Hondarribia, El Emperador
Plaza de Armas, 14, 20280 Hondarribia
Tel. 943 64 55 00, Fax 943 64 21 53
E-Mail: hondarribia@parador.es

**La Rioja**

Parador de Calahorra, Marco Fabio Quintiliano
Paseo Mercadal, 26500 Calahorra
Tel. 941 13 03 58, Fax 941 13 51 39
E-Mail: calahorra@parador.es

**Soria**

Parador de Soria, Antonio Machado
Parque del Castillo, S/N, 42005 Soria
Tel. 975 24 08 00, Fax 975 24 08 03
E-Mail: soria@parador.es

**Álava**

Parador de Argómaniz
Carretera N-1, km 363, 01192 Argómaniz
Tel. 945 29 32 00, Fax 945 29 32 87
E-Mail: argomaniz@parador.es

**Cantabria**

Parador de Santillana
Plaza Ramón Pelayo, S/N, 39330 Santillana del Mar
Tel. 942 81 80 00, Fax 942 81 83 91
E-Mail: santillana@parador.es

Parador de Fuente Dé, Río Deva
Fuente Dé, 39588 Fuente Dé
Tel. 942 73 66 51, Fax 942 73 66 54
E-Mail: fuentede@parador.es

**Palencia**

Parador de Cervera de Pisuerga, Fuentes Carrionas
Carretera de Resoba, km 2,5, 34840 Cervera de Pisuerga
Tel. 979 87 00 75, Fax 979 87 01 05
E-Mail: cervera@parador.es

**Valladolid**

Parador de Tordesillas
Carretera de Salamanca, 5, 47100 Tordesillas
Tel. 983 77 00 51, Fax 983 77 10 13
E-Mail: tordesillas@parador.es

**Asturias**

Parador de Gijón, Molino Viejo
Parque Isabel la Católica, S/N, 33203 Gijón
Tel. 985 37 05 11, Fax 985 37 02 33
E-Mail: gijon@parador.es

**Zamora**

Parador de Benavente, Rey Fernando II de León
Paseo Ramón y Cajal, S/N, 49600 Benavente
Tel. 980 63 03 00, Fax 980 63 03 03
E-Mail: benavente@parador.es

Parador de Zamora, Condes de Alba y Aliste
Plaza de Viriato, 5, 49001 Zamora
Tel. 980 51 44 97, Fax 980 53 00 63
E-Mail: zamora@parador.es

Parador de Puebla de Sanabria
Av. Lago de Sanabria, 18, 49300 Puebla de Sanabria
Tel. 980 62 00 01, Fax 980 62 03 51
E-Mail: puebla@parador.es

**Lugo**

Parador de Ribadeo
Calle Amador Fernández, 7, 27700 Ribadeo
Tel. 982 12 88 25, Fax 982 12 83 46
E-Mail: ribadeo@parador.es

Parador de Vilalba, Condes de Vilalba
Calle Valeriano Valdesuso, S/N, 27800 Vilalba
Tel. 982 51 00 11, Fax 982 51 00 90
E-Mail: vilalba@parador.es

**Ourense**

Parador de Verín, Monterrei
32600 Verín
Tel. 988 41 00 75, Fax 988 41 20 17
E-Mail: verin@parador.es

**A Coruña**

Parador de Ferrol
Calle Almirante Fernández Martín, S/N, 15401 Ferrol
Tel. 981 35 67 20, Fax 981 35 67 21
E-Mail: ferrol@parador.es

**Pontevedra**

Parador de Pontevedra, Casa del Barón
Calle Barón, 19, 36002 Pontevedra
Tel. 986 85 58 00, Fax 986 85 21 95
E-Mail: pontevedra@parador.es

Parador de Cambados, El Albariño
Paseo Calzada, S/N, 36630 Cambados
Tel. 986 54 22 50, Fax 986 54 20 68
E-Mail: cambados@parador.es

Parador de Tui, San Telmo
Avenida Portugal, S/N, 36700 Tui
Tel. 986 60 03 00, Fax 986 60 21 63
E-Mail: tui@parador.es

Parador de Baiona, Conde de Gondomar
36300 Baiona
Tel 986 35 50 00, Fax 986 35 50 76
E-Mail: baiona@parador.es

# BILDNACHWEIS

**Xurxo Lobato:** 10, 12, 14, 16, 17, 18, 36, 38, 39, 40, 41, 42, 43, 44, 45, 64, 66, 67, 68, 69, 70, 71, 72, 90, 92, 93, 94/95, 96, 97, 116, 118, 119, 120, 121, 138, 140, 141, 142, 143, 144, 145, 146, 147, 148, 149, 150, 151, 152, 172, 174, 175, 176, 177, 179, 200, 202, 203, 204, 205, 206, 207, 208, 209, 210, 211.

**Sacha Hormaechea:** 19, 20, 21, 23, 25, 27, 29, 31, 33, 35, 46, 47, 48, 49, 50, 53, 55, 57, 59, 61, 63, 73, 74, 75, 79, 81, 83, 85, 87, 89, 98, 99, 100, 101, 103, 105, 111, 113, 115, 122, 123, 124, 125, 127, 129, 131, 133, 153, 154, 156, 157, 161, 163, 165, 167, 171, 180 (unten), 181 (links), 197, 213, 223, 225.

**Matías Briansó:** 107, 109, 135, 137, 155, 169, 180 (oben), 181 (rechts), 182, 183, 184, 187, 189, 191, 193, 195, 199, 212, 214, 215, 216, 217, 219, 221, 227, 229, 231.

# BIBLIOGRAPHIE


Bravo, Pedro Echevarría: Cancionero de los peregrinos de Santiago [Liederbuch für Jakobspilger]. Madrid, Centro de Estudios Jacobeos 1971.

Codex Calixtinus. Liber Sancti Jacobi: Codex Calixtinus. [mutmaßl. Verf.:] Callistus, Papa II
- Herbers, Klaus [Hrsg.]: Liber Sancti Jacobi Codex Calixtinus [transcripción a partir del códice orig. por: Klaus Herbers . . .]. Santiago de Compostela, Xunta de Galicia 1998.
- Moralejo, A. [Übers.] Santiago de Compostela, Instituto de Estudios Gallegos Padre Sarmiento 1951.
- Pensado, José L. (Ed.): Miragres de Santiago [Teil 2 des Codex Calixtinus] Ed. y estudio critico per José L. Pensado. Madrid 1958.
- Wagner, Peter (Hrsg.): Die Gesänge der Jakobusliturgie zu Santiago de Compostela aus dem sog. Codex Calixtinus/hrsg. und kommentiert von Peter Wagner. Freiburg/Schweiz: Gebr. Hess 1931.

Delibes, Miguel: Castilla habla. Barcelona, Destino 1987
–: Mis amigas las truchas. Barcelona, Destino 1987.

Dreves, Guido Maria (Hrsg.) Liturgische Reimofficien aus spanischen Brevieren: im Anhange: Carmina Compostellana. Unveränderter Nachdruck der Ausgabe Leipzig 1894. Frankfurt: Minerva 1961.

Dumas, Alexandre: Das große Wörterbuch der Kochkunst [Le grand dictionnaire de cuisine, dt.] Aus dem Franz. von Veronika Baiculescu. Hrsg. von Veronika und Michael Baiculescu. [Spanische Küche:] Bd. 3. R–Z. Wien, Mandelbaum-Verl. 2002.

Künig von Vach, Hermann: Die Walfart und Straß zu Sant Jacob. Pilgerführer nach Santiago de Compostela (1495). [Originaltext und Nachschrift in heutiger Schreibweise] Hrsg. von Ludwig Hengstmann. 2., durchges. Aufl. Solingen, Nink 1998.

Laffi, Domenico: Viaggio in Ponente a San Giacomo di Galitia e Finisterrae; edizione e note a cura di Anna Sulai Capponi. Napoli, Edizioni scientifiche italiane 1989.

Muro, Angel: El Practicón. Madrid, Ediciones Poniente 1982.

Nola, Ruperto de: Libro de Cocina. Ed. de Carmen Iranzo. Madrid, Taurus 1982.

Salsete, Antonio: El Cocinero Religioso. Transcripción de Victor Manuel Sarobe Pueyo. Ed. por el Gobierno de Navarra. Pamplona 1990.